PETER EBELING

100 Tips für Verkäufer

Weitere Titel von Peter Ebeling

100 Tips für Verkäufer
500 Verkäufersünden
20 Stufen zum Verkaufserfolg
250 Verkäuferleitsätze
Mehr verkaufen durch bessere Planung im Außendienst
Reden ohne Lampenfieber
Zündende Verkaufsideen
Pfiffige Zitate für Verkäufer

PETER EBELING

100 Tips für Verkäufer

10. Auflage

verlag moderne industrie

CIP-Kurztitelaufnahme der Deutschen Bibliothek

Ebeling, Peter:
100 [Hundert] Tips für Verkäufer / Peter
Ebeling. – 10. Aufl. – Landsberg am Lech:
Verlag Moderne Industrie, 1989.
ISBN 3-478-59205-4
NE: GT
(mi-Taschenbücher; 205: Marketing und
Verkauf)

1. Auflage 1974
2. Auflage 1975
3. Auflage 1976
4. Auflage 1977
5. Auflage 1978
6. Auflage 1980
7. Auflage 1984
8. Auflage 1986
9. Auflage 1987
10. Auflage 1989

Umschlagentwurf: Atelier Bert Hug, München
Druck- und Bindearbeiten: Kösel, Kempten
Printed in Germany 590205
ISBN 3-478-59205-4

Inhalt

Analyse und Selbstkontrolle

Neue Ziele festigen

Allgemeines

Vorwort

Manche sammeln Briefmarken, andere Münzen und ich Verkäufer-Erlebnisse. So entstand vor vielen Jahren die Idee dieses Taschenbuches – eine Praxishilfe für jeden, der verhandeln und verkaufen will und muß.

Die Praxisbeispiele und Geschichten stammen aus vielen verschiedenen Branchen. Diese Erkenntnisse und psychologischen Techniken lassen sich aber sehr gut auf die eigene Branche übertragen.

In meinem Beruf als Verkaufstrainer habe ich mehrere tausend Verkäufer in Deutschland und im Ausland trainiert. Dieses Taschenbuch ist deshalb ein Dankeschön an die Seminarteilnehmer und Verkäufer bei der Zusammenarbeit an der Front. Nur durch sie wurde es möglich dieses Buch zu schreiben.

Möge es dem Verkäufer deshalb immer wieder Ideenimpulse bei der täglichen Arbeit geben als Praxisbuch. Nach dem Motto:
Aus der Praxis, für die Praxis.

6535 Gau-Algesheim

Peter Ebeling BDVT
Fachtrainer für
Rhetorik und
Verkauf

1 Die zweite Visitenkarte bringt Erfolg

Neukundenwerbung ist für jedes Unternehmen sehr wichtig, denn ein gewisser Prozentsatz der älteren Kunden springt in der Regel ab. Die Akquisitionstätigkeit ist für Verkäufer schwierig, bringt aber auf lange Sicht gute Erfolge und sichert das Fortbestehen des Unternehmens.

Es ereignete sich folgende Geschichte:

Der Verkäufer ging selbstbewußt zur Empfangsdame und überreichte seine Visitenkarte. Er äußerte die Bitte, den Chef zu sprechen. Er stand vor einer Theke, links davon war eine Glasscheibe, hinter der der Chef saß.

In höflichem Ton sagte die Empfangsdame: »Ich glaube nicht, daß der Chef Sie empfangen wird.« Auf freundliches Drängen des Verkäufers hin sagte sie: »Gut, ich werde es einmal versuchen.« Sie ging zum Chef und überreichte die Karte. Der aufmerksame Verkäufer sah, daß dieser die Visitenkarte zerriß und die Sekretärin mit einer abweisenden Handbewegung hinausschickte. Sie kam zurück und erklärte dem Verkäufer, daß der Chef ihn heute nicht sprechen könne. Daraufhin bat der Verkäufer, ihm seine Visitenkarte zurückzugeben.

Die Sekretärin befand sich natürlich in einer schwierigen Situation, denn die Karte war ja zerrissen. Trotzdem ging sie erneut zum Chef und übermittelte ihm den Wunsch des Verkäufers. Er gab ihr ein Zehnpfennigstück als Ersatz für die Visitenkarte, das sie dem Verkäufer überreichte. Dieser gab sich jedoch nicht geschlagen und sagte: »Für zehn Pfennig überreiche ich immer zwei Visitenkarten, bitte seien Sie so freundlich und übergeben Sie Ihrem Chef eine zweite.« Mit einem Lächeln ging die Sekretärin das dritte Mal zu ihrem Chef. Diesen beeindruckte die Originalität und Ausdauer des Verkäufers. Er stand auf, um diesen außergewöhnlichen und schlagfertigen Mann kennenzulernen, denn so etwas hatte er noch nie erlebt. Er bat ihn in sein Zimmer. Es kam zu einer Unterhaltung, die mit einem guten Auftrag gekrönt wurde.

Was können wir daraus lernen?

- Neukundenwerbung lohnt sich immer.
- Der »Vorverkauf« beginnt schon bei der Empfangsdame.
- Aufmerksamkeit ist immer gut, deshalb Augen auf! Gewöhnen Sie sich den Rund-um-Blick an.
- Wenden Sie originelle Ideen, Humor und Schlagfertigkeit an, um Ihre Ziele zu erreichen.
- Ein Verkäufer darf niemals zu früh aufgeben, sondern muß jede sich bietende Gelegenheit wahrnehmen, um zum Ziel zu kommen.

2 Eine Sekretärin wurde beeinflußt

Ein guter Verkäufer versuchte vergeblich, den Chef einer Firma zu erreichen. Die Sekretärin wies ihn immer wieder ab. Dieser Besuch war für ihn jedoch eminent wichtig.

Er ging in ein Restaurant, trank eine Tasse Kaffee und überlegte. Dabei kam ihm folgende Idee: »Ich werde einfach ganz frech den Chef anrufen.«

Das Gespräch verlief folgendermaßen:

»Guten Morgen, Herr Beier, mein Name ist Schmidt von der Firma XYZ. Eine Frage, können Sie Ihre Sekretärin beeinflussen?«

Herr Beier sagte: »Ja natürlich. Warum?«

»Sehen Sie, ich versuche Sie schon seit Wochen zu besuchen, aber Ihre Sekretärin gibt mir überhaupt keine Möglichkeit, zu Ihnen zu gelangen. Können Sie ihr nicht die Anweisung geben, mich zu Ihnen zu lassen?«

Herr Beier war verblüfft, fand aber die Methode so originell, daß er Herrn Schmidt bat, sofort vorbeizukommen.

Herr Schmidt kam – sah – und siegte!

Was können wir daraus lernen?

- Gute Verkäufer arbeiten mehr mit dem Kopf als mit den Beinen.
- Eine gute Idee hilft Ihnen, Kunden zu gewinnen.
- Interessante Begegnungsmomente bleiben dem Kunden und Verkäufer in guter Erinnerung.
- Formel für den Verkäufer: »Originalität siegt oft!«

3 Wer sich Tagesziele setzt, verkauft mehr

Während der Zusammenarbeit mit vielen Verkäufern konnte ich immer wieder die Feststellung machen, daß die Verkäufer, die sich Tages-, Wochen- und Monatsziele setzen, größere Erfolge haben als der Durchschnittsverkäufer. Ziele geben uns Kraft und erhöhen die Realisierungsmöglichkeiten. Man muß wissen, was man will. So mancher Besuch wird dann noch erledigt, um das Vorgenommene zu erreichen.

Herr Thoß, ein junger Reisender, der überdurchschnittlich verkauft, arbeitet mit Tageszielen. Bei einer Zusammenarbeit hatten wir schon viele Aufträge von Apothekern und Drogisten bekommen, trotzdem sagte Herr Thoß um 18.00 Uhr: »Ich muß noch einen Auftrag tätigen, um meine Zielsetzung zu erfüllen.« Es war der letzte Auftrag, der den höchsten Umsatz brachte.

Wieder einmal fand ich die Wirksamkeit der Zielsetzung bestätigt.

Was können wir daraus lernen?

- Wer sich Tagesziele setzt, verkauft mehr als der Verkäufer, der den Tag dem Zufall überläßt.
- Wiederholen Sie während des Tages das vorgenommene Ziel.
- Notieren Sie schriftlich Ihre Tages-, Wochen-, Monats- und Jahresziele, dann sind Sie auch schon auf dem Wege der Realisierung.
- Ein großes Ziel ist besser als viele kleine Ziele.

4 Zum Studium zu alt?

Es gibt viele Menschen, die in ihrem Beruf unglücklich sind. Sie haben das Gefühl, daß sie mehr im Leben erreichen könnten. Dabei ist es niemals zu spät, das zu erreichen, was man sich vornimmt. Hier eine kleine Episode:

Ein Bekannter wollte eigentlich Arzt werden und verriet seinen Wunsch einem Psychologen, der darauf sagte, warum nicht! Er Stellte seinem Patienten die Frage: »Wie alt sind Sie jetzt?« »30 Jahre« antwortete der Mann. »Nun, wie lange dauert das Studium?« »14 Semester« erklärte darauf der Befragte. »Und wenn Sie studieren würden, wie alt wären Sie nach Beendigung des Studiums?« »Siebenunddreißig« antwortete der Mann. Worauf der Psychologe die Frage stellte: »Und wenn Sie nicht studieren würden, wie alt wären Sie dann in sieben Jahren?« »Ja, auch 37!«

Der Psychologe empfahl seinem Patienten, das Studium sofort zu beginnen.

Was können wir daraus lernen?

- Es ist niemals zu spät, den Beruf Ihrer eigentlichen Neigung zu ergreifen.
- Der Mensch muß die ihm von Gott gegebenen Talente nutzen, zum Vorteil seiner Mitmenschen und für sein eigenes Wohlergehen.
- Es könnte ein trauriger Tag sein, an dem der Mensch, grauhaarig und alt, sein Leben rückblickend betrachtet und feststellt: »Ich habe aus meinem Leben gar nichts gemacht.«
- Jeder Mensch kann viel mehr, als er oft selber denkt.
- Überlegen Sie, wie viele Vorteile der Verkäufer-Beruf bietet.

5 Der nächste Kunde kauft bestimmt

Sicher mußten auch Sie schon die Urlaubsvertretung in einem Ihnen fremden Gebiet übernehmen. Mit lachender Miene wurden einem die Kundenkarten in die Hand gedrückt und gutgemeinte Ratschläge mit auf den Weg gegeben.

Mit gemischten Gefühlen nahm man die Kundenkarten entgegen, kaufte einen geeigneten Stadtplan und verbrachte den Abend über ihn gebeugt, in der Hoffnung, wenigstens einige Straßen zu finden.

Trotz frühen Aufstehens und emsiger Arbeit erlebte man so manche Enttäuschung. Die Einwände der Kunden klingen einem noch heute in den Ohren: »Ihr Vorgänger war doch erst kürzlich hier.«

»Wir brauchen gar nichts.«

»Wo ist denn der andere Herr?«

»Der Chef ist nicht da, kommen Sie nächste Woche wieder« usw.

Oder Sie fuhren mehrere Kilometer in der Hoffnung, einen größeren Auftrag zu tätigen und standen dann zu Ihrer Enttäuschung vor dem Schild »Wegen Betriebsferien geschlossen«.

Wirklich entmutigend, nicht wahr?

Und trotzdem gilt die Devise: DER NÄCHSTE KUNDE KAUFT BESTIMMT. Sie hat immer wieder ihre Bestätigung gefunden.

Stets weitermachen, und auch Sie werden Verkaufserfolge verbuchen können.

Was können wir daraus lernen?

- Geben Sie niemals auf, der große Auftrag kann schon im nächsten Geschäft auf Sie warten.

- Die Chinesen sagen: Eine Reise von 1000 km beginnt mit dem ersten Schritt!
- Bedenken Sie immer: Je mehr Kunden Sie besuchen, desto größer sind Ihre Erfolgschancen.
- In der Versicherungsbranche hat die Erfahrung gezeigt, daß ein Durchschnittsvertreter mindestens 20 Besuche machen muß, ehe er einen Abschluß tätigen kann. D. h. also, wenn Sie nach 19 Besuchen aufgegeben haben, dann war Ihre Arbeit umsonst.
- Die Erfolgsdevise lautet: WEITERMACHEN. Ausdauer bringt Erfolg – auch für Sie!

6 Das Stehvermögen eines Anzeigenleiters

Der Verkäuferberuf ist überaus vielseitig und erfordert den ganzen Mann. Er muß ein ganzes Bündel von Fähigkeiten und Kenntnissen besitzen oder erlernen. Diese Tatsache macht seinen Beruf zugleich interessant und schwierig.

In der breiten Skala der Eignungsmerkmale gibt es jedoch einige prägnante Fähigkeiten, die dem Spitzenverkäufer eigen sind. Auf Grund des Lesens vieler Verkaufsbücher, eigener Praxis und Beobachtung anderer Verkäufer der Investitionsgüter- und Markenartikel-Industrie möchte ich diese Voraussetzungen wie folgt beschreiben:

Wenn es überhaupt eine magische Formel für den Verkaufserfolg gibt, dann heißt diese: harte Arbeit, Ausdauer, Stehvermögen und Erfolgswille. Der gute Verkäufer ist ein Kämpfer, der sich täglich neu herausfordern läßt. Der Keim zum Erfolg wird schon in frühen Jahren gelegt, meistens durch Schicksalsschläge, die den Selbsterhaltungstrieb fördern. Ein Anzeigenleiter war in seiner Arbeit sehr erfolgreich, obwohl er keinen guten Ruf genoß und sogar des öfteren von Kunden hinausgeworfen wurde. Er arbeitete ungeheuer schnell. Kunden erzählten mir, daß der Mann niemals aufgab. Jeden Tag stände er erneut vor der Tür, bis er den Auftrag unterschrieben in der Tasche hätte.

Oft bekam er die Unterschrift nur, weil man ihn loswerden wollte. Mit Hilfe solcher »erzwungenen« Aufträge konnte er weitere, miteinander konkurrierende Firmen ansprechen und diese dazu verleiten, in einer Sonderausgabe zu inserieren.

Auf diese Art hatte er sich ein Vermögen geschaffen. Seine Aufgabe als Verkäufer erfüllte er, indem er den Kunden half, Entscheidungen zu treffen.

Was können wir daraus lernen?

- Erfolg im Verkauf haben, heißt harte Arbeit leisten.
- Beobachten Sie die Verkaufstechniken Ihrer Konkurrenten.
- Geben Sie als Verkäufer niemals auf. Kämpfen Sie, und Sie werden gewinnen. Wer Kunden regelmäßig und oft besucht, wird auch Aufträge erhalten.
- Eine Selbstmotivations-Formel:
  »Der nächste Kunde kauft bestimmt!«

7 Machen Sie sich die Methoden des Karate zunutze

Wie Sie wissen, sind Karate-Experten in der Lage, einen Backstein oder sonstige Gegenstände mit der Handfläche in zwei Hälften zu schlagen. Das Geheimnis liegt in der Fähigkeit, alle Kräfte auf einen Punkt zu konzentrieren. Auch die Beherrschung der Atemtechnik spielt hierbei eine wichtige Rolle.

Erfolgreiche Verkäufer erzielen ihre Erfolge meist durch harte Arbeit. Sie arbeiten schneller und sind zuverlässiger als ihre Konkurrenten. Ein guter Verkäufer hat eine Mission im Leben zu erfüllen. Er wird sich immer auf das Verkaufen konzentrieren und hier alle Gedanken und Kräfte einsetzen.

Was können wir daraus lernen?

- Verkaufserfolge kommen nicht von ungefähr; sie bedeuten »Macht der Konzentration«.
- Auch der Karate-Experte muß dauernd trainieren, damit es ihm gelingt, seine Kräfte zu mobilisieren.
- Zwingen Sie sich zu Konzentrationsübungen.

8 Tue es gleich – Das Schlagwort zum Erfolg

Wir alle suchen nach Entschuldigungen, um eine zu erledigende Arbeit nicht sofort tun zu müssen. In »Reader's Digest« erschien vor vielen Jahren ein Artikel mit der Überschrift »Tue es gleich«. Der Autor zeigte auf, daß der Mensch alles viel schneller erledigen kann, wenn er es sofort unternimmt, statt es aufzuschieben. Viele Menschen kommen vor lauter Planen und Notizen machen nicht zur Realisierung ihrer Ideen. Lassen Sie sich deshalb kleine Schilder drucken mit der Inschrift: »Tue es gleich« und kleben Sie diese z. B. in die Brieftasche, in Ihr Büro, in den Wagen, sozusagen als ständige Erinnerung zum Soforthandeln.

Viele Kundenversprechungen brauchen Sie nicht auf die lange Bank zu schieben, sondern können diese sofort erledigen. Damit haben Sie dem Kunden eine Freude gemacht und sich außerdem von anderen Verkäufern differenziert. Versprechungen blockieren Ihre Planungsmöglichkeiten für andere Arbeiten.

Was können wir daraus lernen?

- Ein Sprichwort sagt: »Der Weg zur Hölle ist mit lauter guten Vorsätzen gepflastert«.
- Handle begeistert und Du wirst begeistert sein.
- Schreiben Sie auf einen Zettel lieber nur eine Aufgabe, die Sie dann auch ausführen, statt drei, die Sie nicht erledigen.
- TUE ES GLEICH – ein Slogan auch für Sie!

9 Es lohnt sich, Dialekte zu studieren

Bei einer Zusammenarbeit mit einem Bezirksleiter führten wir zusammen in Wiesbaden ein neues Produkt ein. Bei einer Kundin sagte der Bezirksleiter »Sie stammen aus der Lübecker Gegend!« Er hatte recht. Die Dame war sehr erstaunt, denn sie lebte schon seit 20 Jahren in Wiesbaden.

Schnell war der Kontakt hergestellt, er bekam einen entsprechend guten Auftrag.

Dieser Herr interessiert sich für Dialekte. Ziemlich schnell kann er den Kunden sagen, woher sie kommen.

So kann einem also ein Hobby sehr nützlich sein.

Was können wir daraus lernen?

- Entwickeln Sie die Fähigkeit, Dialekte zu definieren und zu verstehen.
- Jeder Mensch möchte gern persönlich angesprochen werden.
- Man muß versuchen, Routinearbeit möglichst interessant zu gestalten.
- Es heißt nicht umsonst: »Versetze Dich in die Lage des Kunden.«
- Haben Sie ähnliche Erfahrungen gemacht?
  (Dann schreiben Sie mir doch bitte!)

10 Verwenden Sie die »Tun-als-ob-Methode«

In Amerika geht ein Arzt in der Behandlungsmethode seiner Patienten neue Wege. Folgende Story zeigt sein Vorgehen:

Ein Buchhalter kam bei seiner Arbeit nicht mehr zurecht und litt unter psychomatischen und vegetativen Störungen. Mehrere Ärzte erkannten auch die Ursache des Problems und rieten dem Patienten schlechthin, die Stelle zu wechseln und sich woanders zu bewerben.

Nun, kranke wie auch manche gesunde Menschen fühlen sich oft in ihrer Handlungsweise gehemmt. Der Arzt dieser Geschichte erkannte, daß man bei den Menschen die Verhaltensweisen ändern muß, im körperlichen wie im geistigen Bereich. Diese Änderung wird durch ein Rollenspiel bewirkt.

Der Patient übt täglich beim Arzt das Vorstellungsgespräch. Im Rollenspiel (Arzt und Patient spielen diese Rollen) studieren sie Einwände und deren Beantwortungsmöglichkeiten.

Der Buchhalter bewarb sich bei einem führenden Unternehmen der Firmenberatungsbranche und bekam die Stellung eines Beraters. Heute ist er Chef dieses Unternehmens.

Was können wir daraus lernen?

- William James, ein bekannter Psychologe, sagte vor vielen Jahren: »Tue das, wovor Du Dich fürchtest, und die Furcht stirbt einen sicheren Tod«.
- Wichtige Verhandlungen muß man vorab im Geiste durchdenken und üben.
- Studieren Sie Mimik und Gestik, um Ihre Bewegungen in Einklang mit dem gesprochenen Wort zu bringen.

- Shakespeare sagte schon:
  »Das Leben ist eine Bühne und wir die Spieler«.
- Nicht umsonst sagt man im Volksmund:
  »Übung macht den Meister«.

11 Kennen Sie die Produktvorteile einer Zitrone?

Das Management Center Europe veranstaltete ein Verkaufstrainings-Seminar in Brüssel. Der Referent, der aus dem Agrarbereich kam, betonte die Notwendigkeit, die Produktvorteile seiner Produkte zu kennen. Zur Demonstration holte er eine Zitrone aus der Tasche und forderte die verblüfften Zuhörer auf, die Produktvorteile der hochgehaltenen Zitrone zu nennen. Binnen einiger Minuten kamen folgende Vorteile zusammen:

1. Zum Backen
2. Vitaminträger
3. Erfrischungsgetränk
4. Zum Garnieren
5. Zum Fisch
6. Um die Hände zu säubern
7. Obstschalen-Dekoration
8. Als Gesichtsreiniger
9. Bei Insektenstichen
10. Für Aromazwecke.

Eine einfache Zitrone – und so viele Verwendungsmöglichkeiten!

Ein Hinweisschild in einem Obstgeschäft mit einigen dieser Vorteile würde bestimmt dazu beitragen, daß manche Hausfrau ein paar Zitronen mit nach Hause nähme.

Was können wir daraus lernen?

- Ihr Produkt besitzt mehr Vorteile als Sie vielleicht wissen!
- Analysieren Sie die Vorzüge Ihres Produktes, um die Verkaufschancen zu erhöhen.

- Verwenden Sie im Kollegenkreis das Brainstorming-Verfahren, um möglichst eine Vielzahl von Anregungen zu erhalten.
- Ein Verkäufer muß mehr über seine Ware wissen als der Kunde.
- Besprechen Sie Ihre Produkte mit anderen, um eine Beurteilung und neue Argumente zu erhalten.

12 Nun geht schon los und verkauft recht schön!

Den meisten Berufen geht eine lange Berufsausbildung voraus. Trotzdem wird in diesen Berufen auch weiterhin Fortbildung groß geschrieben. Die Ärzte z. B. besuchen weitere Kongresse und lesen Fachzeitschriften, um sich auf dem neuesten Stand zu halten.

Bei vielen Verkäufern verhält es sich leider so, daß sie im Grunde »verkrachte Existenzen« sind. In anderen Berufen nicht erfolgreich, und sind oft in den Verkauf »hineingeschlittert«.

In der Versicherungsbranche war es früher so, daß die Verkäufer ein Prämienbuch und Auftragsformulare in die Hand bekamen; ein Klopfen auf die Schulter mit dem Hinweis: »Nun geht los und verkauft gut und viel!«

Schnell und leicht gesagt, aber auch der Verkäufer muß sich viele Fähigkeiten erst aneignen. Auch sein Beruf will gelernt und gekonnt sein. Er erfordert Vielseitigkeit und Kenntnisse.

Was können wir daraus lernen?

- Durch die Industrialisierung ist es notwendig geworden, daß Verkäufer zum Vertriebskaufmann ausgebildet werden.
- Die Einkäufer müssen heute weitergebildet werden, denn sie benötigen mehr Fakten und Informationen als je zuvor.
- Jeder Verkäufer sollte sich ein persönliches Weiterbildungsprogramm erstellen und es auch durchführen.
- Denken Sie immer daran:
  »Wer nicht mit der Zeit geht, geht mit der Zeit«.

13 Direktoren fragen: »Wer ist der Mann?«

Eine große Tagung – über 300 Reisende waren versammelt. Am oberen Ende des Saales saßen die Direktoren der Geschäftsleitung. Der Verkaufsdirektor erhob sich und stellte die neue Verkaufskonzeption ohne große Begeisterung und ohne rhetorisches Geschick den Zuhörern vor. Danach wurden die Reisenden aufgefordert, ihre Stellungnahme abzugeben. Es herrschte völlige Ruhe im Saal. Dann stand ein Verkäufer auf und begann mit seinen Ausführungen, langsam zuerst, um sich dann aber zu steigern. Seine Kollegen drehten sich um und bestaunten diesen Mut, der in seiner hervorragenden Stellungnahme ans Tageslicht kam. Die Direktoren tuschelten miteinander und fragten: »Wer ist denn dieser brillante Redner?«

Sein Geheimnis: Er hatte einen Rednerkurs besucht. Heute war seine Premiere. Endlich die große Gelegenheit, sich aus der Masse herauszuheben, zu brillieren! In der Pause gratulierten ihm viele seiner Kollegen. Schon wenig später wurde er befördert.

Was können wir daraus lernen?

- Erworbene Kenntnisse und Fähigkeiten sind Schritte, die zum Erfolg führen.
- Die Kunst, reden zu können, ist eine wichtige Voraussetzung für den Erfolg.
- Besuchen Sie einen Rednerkurs und werden Sie frei.
- Nutzen Sie jede Gelegenheit, frei zu sprechen. So heben Sie sich aus der Masse heraus.

14 Wie ich einen Anzeigenauftrag durch eine Skizze gewann

Zu meinen Aufgaben als Anzeigenleiter der Industrie- und Handelskammer gehörte es, Anzeigen für unsere Zeitschrift zu akquirieren.

Eine Forschungsorganisation hatte jahrelang in unserer Zeitschrift inseriert. Ich hatte nun das Problem, daß unsere Firma einen Forschungsauftrag nicht an diese Organisation, sondern an einen Konkurrenten vergeben hatte. Dadurch würde die Anzeige im kommenden Jahr nicht erneuert werden, das war mir klar. Wie konnte ich es bewerkstelligen, diesen Mann trotzdem wieder für eine Insertion zu gewinnen?

Nach einigen Überlegungen beauftragte ich einen Graphiker mit dem Entwurf einer neuen Anzeige, die wie folgt aussah: Eine Abbildung der Provinz und ein Vergrößerungsglas, durch das man den Namen dieser Firma sah. Die Skizze war sehr ansprechend. Ich machte einen Termin mit dem Kunden und begann mein Gespräch – nachdem ich die alte Anzeige und die neue Skizze nebeneinander gelegt hatte – folgendermaßen:

»Wie gefällt Ihnen der neue Vorschlag für Ihre Anzeige?« Er war von dem neuen Entwurf entzückt und antwortete: »Er ist viel besser als die letzte Anzeige.« Schnell erwiderte ich: »Dann reserviere ich Ihnen sechs Seiten.« Er nickte mit dem Kopf und unterschrieb den Auftrag.

Was können wir daraus lernen?

- Erkennen Sie schon vor dem Besuch die zu erwartenden Schwierigkeiten und erarbeiten Sie Lösungsmöglichkeiten.
- Versuchen Sie, Ihr Verkaufsgespräch so weit wie möglich mit neuen Vorschlägen zu bereichern.
- Visualisieren Sie Ihre Aussagen mehr denn je.
- Verwenden Sie bei schwierigen Verhandlungen Plakate, Skizzen, Zeichnungen oder sonstige Hilfsmittel.
- Die Chinesen sagen:
  »Ein Bild sagt mehr aus als tausend Wörter.«

15 Eine gute Idee verkaufte ein Hochhaus

Ein Bekannter von mir ist Geschäftsführer einer Immobilienfirma.

Er gehört zu den reichsten Geschäftsleuten, die ich kenne. Seine guten Ideen waren es, die ihm zu seinem Vermögen verhalfen.

In der Nähe des Hochgerichts war ein Grundstück zu verkaufen. Er sprach Rechtsanwälte an, sich in dem dort geplanten Hochhaus Geschäftsräume reservieren zu lassen. Nachdem er genügend Zusagen erhalten hatte, konnte er die Finanzierungsvermittlung und das Projekt realisieren.

Von Zeit zu Zeit stehen interessante Artikel in der Zeitung über seine brillanten Verkaufserfolge. Von ihm kann man lernen, daß der Verkauf mit einer Idee beginnt.

Was können wir daraus lernen?

- Große Objekte können manchmal durch kleine und vernünftige Ideen verkauft werden.
- Verkäufer müssen bereit sein, neue Wege zu gehen, um ihre Verkaufsziele zu realisieren.
- Harte Arbeit im Verkauf allein ist nicht der einzige Gradmesser für den Erfolg, sondern auch das Durchdenken von Verkaufsideen.

16 Die Magie des Schneeball-Systems

Sie wissen aus Erfahrung, daß, wenn ein kleiner Schneeball den Berg hinunterrollt, er nicht nur an Geschwindigkeit, sondern auch an Größe gewinnt.

Dieser Methode bedient sich besonders die Versicherungsbranche, wie Sie gleich sehen werden.

Beim Abschluß einer Lebensversicherung wird der Neuversicherte gebeten, zwei Namen seiner Bekannten anzugeben, die dafür bürgen, daß er gesund ist. Die Namen und Anschriften werden auf einem Bogen notiert. Der Agent kann nun die Bekannten aufsuchen. Mit dieser Methode hat man die Gelegenheit, das Gespräch mit neuen potentiellen Kunden aufzunehmen. Falls diese sich für eine Versicherung entschließen, hat man wiederum weitere Namen. Dieses System wird immer weiter verfolgt.

Eine sehr einfache und zweckmäßige Methode, neue Kunden kennenzulernen.

Was können wir daraus lernen?

- Untersuchen Sie, inwieweit diese Methode in Ihrer Branche Anwendung finden kann.
- Lassen Sie sich Empfehlungsschreiben von zufriedenen Kunden geben.
- Fragen Sie Kunden, ob Sie sie als »zufriedene Kunden« weiternennen dürfen.
- Bitten Sie Kunden um eine Empfehlung bei Geschäftsfreunden. Sie sind mitunter sogar bereit, telefonisch einen Termin für einen evtl. Besuch zu arrangieren.
  Nutzen Sie diese Gelegenheiten!

17 Der Immobilien-Händler, der zuerst die Bäume und dann das Haus verkaufte

In einem Vorort einer Großstadt bemühte sich der Besitzer eines Hauses sehr lange, dieses zu verkaufen. Viele Immobilien-Händler hatten bereits ergebnislos annonciert und mehreren Interessenten das Haus gezeigt.

Eines Tages versuchte ein Immobilien-Händler einen ganz neuen Dreh. Bei der Besichtigung bemerkte er, daß im Garten einige wunderschöne Bäume standen. Fortan zeigte er zuerst diese Bäume und konzentrierte sein Verkaufsgespräch darauf, ehe er die Vorzüge des Hauses hervorhob. Dadurch gelang es ihm, das Haus an ein Ehepaar zu verkaufen, das besonders naturliebend war.

Was können wir daraus lernen?

- Analysieren und erkennen Sie die Vorzüge Ihres Produktes.
- Es sind nicht immer nur die gebräuchlichsten Verkaufsmotive, die zu einem Kaufentschluß führen.
- Führen Sie Ihr Verkaufsgespräch mit mehr Phantasie.
- Es sind oft unwichtig erscheinende Argumente, die den Kunden zum Kauf veranlassen, denn Kaufmotive sind von Mensch zu Mensch unterschiedlich.

18 Der Verkäufer, der seine Kunden in der Sauna kennenlernte

Ein Freund von mir arbeitete mehrere Jahre in einer bekannten Werbeagentur in Frankfurt/Main. Als ich ihn wiedertraf, vertrat er als Verkaufsrepräsentant in Frankfurt ein führendes Verlagshaus Deutschlands. Es war seine Aufgabe, Anzeigen von Werbeagenturen und sonstigen Industrie-Unternehmen zu akquirieren.

Nun, als neuer Mann hat man es nicht immer leicht, schnell den so notwendigen Kontakt zu finden. Gesprächsweise erfuhr er, daß einige Herren namhafter Werbeagenturen freitags immer in die Sauna gingen. Er sagte sich, ich muß versuchen, so schnell wie möglich einen persönlichen Kontakt zu diesen wichtigen Kunden zu bekommen und ging ebenfalls am Freitagabend dorthin.

Diese Idee brachte ihm eine gute Dividende – und er tat außerdem noch etwas für seine Gesundheit!

Was können wir daraus lernen?

- Wer Geschäftskontakte anbahnen will, muß dorthin gehen, wo seine in Frage kommenden Kunden anzutreffen sind.
- Studieren Sie die Interessen und Gewohnheiten Ihrer Kunden, um sie besser kennenzulernen – es lohnt sich!
- Wer in seinem Beruf Erfolg haben will, muß auch bereit sein, Freizeit für Geschäftsanbahnungen zu opfern.
- Seien Sie bereit, auch außergewöhnliche Wege zu beschreiten, um Ihren Weg erfolgreich zu gehen.

19 Machen Sie den Kunden zum Partner

Herr Körner, Großhandels-Repräsentant einer bekannten Firma in Köln, sagte: »Nun fahren wir zu einem meiner besten Kunden!«

Ich war erstaunt, als er den Haupteingang mied und direkt zum Lager ging. Dort wanderte er durch eine lange Halle und suchte den Lagerleiter, der sich irgendwo hinten mit Kartons beschäftigte. Man bemerkte sofort ein kollegiales Verhältnis als der Lagerleiter fragte: »Na, Herr Körner, was gibt es heute?«

Herr Körner zeigte dem Lagerleiter seine Kundenkartei mit der Umsatzentwicklung der letzten Monate und sagte: »Es ist wirklich enorm, wieviel Ware Sie für uns verkaufen; Sie gehören zu unseren besten Kunden. Schauen Sie einmal her, in den ersten neun Monaten haben Sie bereits für DM 120.000,– verkauft. Ich habe hier ein Jahresziel von DM 200.000,– stehen. Ob wir dieses Ziel wohl gemeinsam schaffen, Herr Nicol?«

Herr Nicol meinte: »Warum nicht!«

Herr Körner bedankte sich und meldete sich beim Empfang an. Kurz darauf sagte die Empfangsdame: »Bitte gehen Sie durch«.
Der Einkäufer empfing ihn mit den Worten:

»Bitte fassen Sie sich kurz!« Er hörte ungeduldig zu und sagte: »Dann wollen wir erst einmal sehen, ob wir noch Ware benötigen.« Er rief Herrn Nicol an und erhielt natürlich eine bejahende Antwort.

Sie sehen also, daß das erfolgreiche Verkaufen weitgehend von vielen Faktoren und Umständen abhängig ist. Wir müssen die Auftragsbeeinflusser beeinflussen und zum Wettbewerb herausfordern.

Machen wir also die Mitarbeiter eines Unternehmens zum Partner!

Was können wir daraus lernen?

- Umsatzentwicklungskarten sind gute Hilfsmittel.
- Fragen Sie sich, wer die Einkaufsentscheidungen beeinflußt.
- Fordern Sie die Mitarbeiter persönlich zum Wettbewerb heraus.
- Entwickeln Sie einen persönlichen Kontakt zu Ihren Kunden.
- Es ist nicht immer nur der Einkäufer, der entscheidet. Es spielen viele im Unternehmen eine wichtige Rolle in der Frage, ob Sie Lieferant des Kunden bleiben.

20 Elfi hat heute ihren Namenstag

Aufmerksamkeiten machen sich immer bezahlt! Hier ein Beispiel, wie man leicht Kontakt schaffen kann:

Ich war mit einem Herrn in Wien unterwegs. Wir besuchten einige Einzelhändler. In einem der Geschäfte sagte mein Begleiter: »Frau Elfi, herzlichen Glückwunsch zu Ihrem Namenstag!« Die Kundin schaute erstaunt auf, denn sie selbst hatte es ganz vergessen. Sie sagte: »Woher wissen Sie das? Ich bin ganz erstaunt.« Dabei strahlte sie über das ganze Gesicht.

Ich stellte wieder einmal fest, daß man Menschen mit kleinen Aufmerksamkeiten viel Freude machen kann.

Natürlich konnte ich es nicht lassen, zu fragen, woher er wußte, daß die Kundin Namenstag hatte. Er schmunzelte nur und sagte: »Ich habe es heute morgen im Radio gehört!«

Dieser Reisende hatte einen derart guten Kontakt mit seinen Kunden, daß diese die Ware, die ein Vertreter der Konkurrenz im Regal herausgestellt hatte, später wieder in den Hintergrund schoben und die Artikel des Herrn F. in den Vordergrund rückten.

Was können wir daraus lernen?

- Kunden wollen persönlich angesprochen werden.
- Eine Kundenkartei für besondere Vermerke macht sich immer bezahlt.
- Denken Sie bei der Neueröffnung von Geschäften an den Blumenstrauß.

21 Der Kunde, der Briefmarken sammelte, und nie Zeit hatte

Ein Kursteilnehmer war jahrelang Verkäufer der 3 M-Company in Südamerika, bevor er nach Deutschland zurückkehrte, und die Position eines Außendienstmitarbeiters einer bedeutenden Nahrungsmittelfirma in Schleswig-Holstein einnahm. Ich hatte Gelegenheit, einige Kunden mit ihm zu besuchen.

Nach einigen Geschäftsbesuchen sagte er: »Ich habe da einen Kunden, der nie Zeit hat.« Darauf antwortete ich: »Dort fahren wir hin!«

Als wir durch die Ladentür kamen, stand der Kunde an seiner Kasse, blickte uns schief an und begrüßte uns mit der Bemerkung: »Ich muß eben wegfahren und habe keine Zeit.« Zufällig sah ich, daß er auf ein schwarzes Brett einige Briefmarken geklebt hatte.

Nun begann ich das Gespräch folgendermaßen:

»Sie sind Briefmarken-Sammler?«

»Ja.«

»Mein Kollege war lange in Südamerika, und ich komme aus Südafrika.«

Schon nach kurzer Zeit waren wir mitten in einem angeregten Gespräch und stellten fest, daß sich dieser Einzelhändler sehr für fremde Länder interessierte.

Das Eis war gebrochen – und der Auftrag fiel uns ganz automatisch in die Hände!

Was können wir daraus lernen?

- Ein Verkäufer muß versuchen, beim Kunden »Gemeinsamkeiten« zu finden. So verkauft er sich am besten.

- Scharfe Beobachtungsgabe und ein Rund-um-Blick im Geschäft geben oft interessante Hinweise auf die Gesprächsführung.
- Vermeiden Sie das Hobby-Gespräch, wenn der Kunde nicht darauf eingeht. Mitunter kann es unangebracht sein, besonders, wenn schon viele Verkäufer das Hobby des Kunden in Erfahrung gebracht haben.
- Reden Sie nur über das Hobby des Kunden, wenn Sie selbst etwas davon verstehen, sonst machen Sie sich lächerlich.
- Ein Gespräch über ein Interessengebiet oder Informationen öffnen die Türen auch für den nächsten Besuch.
- Kleine Aufmerksamkeiten, wie Briefmarken, Zeitungsausschnitte usw. helfen Schranken öffnen.

22 Eine Methode, zum Geschäftsführer vorzudringen

Als Anzeigenleiter der Industriekammer mußte ich Anzeigen für unsere Fachzeitschriften verkaufen.

Zu Beginn meiner Tätigkeit stellte ich fest, daß ich in Großunternehmen meistens den falschen Mann zu fassen bekam. Menschen, die für Entscheidungen nicht kompetent waren, hörten oft lange zu, um dann zu sagen: »Ich werde den Geschäftsführer unterrichten.«

Im voraus wußte ich, daß ich keine Bestellung bekommen würde, weil andere Menschen nicht für einen selbst verkaufen können.

Es ging also darum, künftig nur dem Geschäftsführer zu präsentieren. Das Problem lag jedoch darin, daß man selten die Möglichkeit hatte, zu ihm vorzudringen. Deshalb entwickelte ich folgende Methode, die sich später als sehr erfolgreich bewies:

Vor meinem Besuch rief ich die Firma an und sagte zur Telefonistin: »Guten Morgen, Ebeling am Apparat, wie heißt Ihr Geschäftsführer?« Auf diese Frage nannte man mir meistens den Namen. Ich ging dann durch die Empfangshalle, an der Empfangsdame vorbei – sie nahm an, daß ich mich auskannte – und wartete am Ende des Ganges, bis ich jemanden traf. Ich fragte nach dem Büro des Geschäftsführers. War ich an seiner Bürotür, fragte ich, wo der Geschäftsführer sei. Überrascht antwortete er: »Ja, der bin ich.« «Darf ich Sie fünf Minuten sprechen?« Er bat mich dann, Platz zu nehmen. Ich schilderte mein Anliegen und bekam in den meisten Fällen auch einen Auftrag.

Während der Präsentation mußte ich schmunzeln, wenn ich an die vielen Herren dachte, die noch im Empfangsraum warteten.

Diese Strategie half mir, meine Arbeit erheblich zu rationalisieren und schneller zum Erfolg zu kommen.

Was können wir daraus lernen?

- Wer im Verkauf erfolgreich sein möchte, muß die Kunst des »Vordringens« beherrschen.
- Fragen Sie am Telefon niemals, ob Sie mit dem Geschäftsführer sprechen können, denn meistens erhalten Sie die Gegenfrage: »In welcher Angelegenheit?« Leute, die Werbung verkaufen wollen, werden dann meistens an die Werbeagentur verwiesen.
- Die Erfahrung zeigt, je höher die Position einer Führungskraft, desto hilfsbereiter ist der Gesprächspartner meistens.
- Wer nicht mit dem »richtigen Mann« spricht, wird selten gut verkaufen.

23 Versicherungsverkauf durch die Analyse-Methode

Herr Kunz, ein sehr erfolgreicher Geschäftsmann und Bekannter von mir, wurde von seiner Firma nach Übersee entsandt. Kaum dort angekommen, kündigte er jedoch, machte die ersten Gehversuche bei einer anderen Firma und gründete dann ein Versicherungsmakler-Unternehmen. Binnen kurzer Zeit erzielte er gute Erfolge. Später einmal verriet er mir sein Erfolgsgeheimnis:

Ich verkaufte niemals eine Versicherung, bevor ich dem Kunden nicht erst angeboten habe, eine gründliche Untersuchung der Versicherungen vorzunehmen. Mehrere Tage sitze ich bei Firmen im Büro und studierte bestehende Policen, ehe ich meine Empfehlung abgebe. Ich konnte schnell die Ist-Situation ermitteln, und – was weit wichtiger war – ich gewann dadurch das Vertrauen der Kunden, die meine gründliche und sorgfältige Arbeit schätzten.

Was können wir daraus lernen?

- Ermitteln Sie erst den Ist-Zustand, bevor Sie verkaufen.
- Sammeln Sie fortwährend Fakten.
- »Schnelle Geschäfte« sichern nicht immer den Erfolg.
- Gewinnen Sie Kundenvertrauen durch eine sorgfältige Analyse der Probleme. Die investierte Zeit macht sich bezahlt.
- Zufriedene Kunden können und werden Sie dann weiterempfehlen.

24 Der begeisterte Angestellte ist oft der falsche Mann

In meiner Funktion als Anzeigenleiter besuchte ich Industrie- und Werbeagenturen bei der Akquisition von Inseraten.

Sonderbeilagen werden meist von Abteilungsleitern entschieden und genehmigt. Es ist jedoch sehr schwierig, diese vielbeschäftigten Männer anzutreffen, so daß ein weniger bedeutender Angestellter die Einzelheiten aufnimmt und dann weiterleitet. Die Erfahrung zeigt jedoch, daß kein anderer mit derselben Intensität und Begeisterung wie man selbst einen erfolgbringenden Verkauf tätigen kann.

Sie kennen sicherlich die allgemeine Formulierung: »Lassen Sie die Einzelheiten da, ich werde sie vortragen.« Bei einer telefonischen Nachfrage heißt es dann oft: »Wir bedauern, denn wir sind an Ihrem Angebot nicht interessiert.«

Wer erfolgreich verkaufen will, muß zuallererst den richtigen Mann, nämlich den, der Entscheidungen treffen kann, ausfindig machen und sprechen. Alles andere ist Zeitvergeudung. In einem großen Unternehmen ist es natürlich schwierig, zu wissen, ob man wirklich den richtigen Mann vor sich hat. Wenn er mit viel Begeisterung und kopfnickend zuhört, ohne Sie zu unterbrechen oder ohne Einwände zu machen, dann haben Sie sehr wahrscheinlich den falschen Gesprächspartner vor sich.

Was können wir daraus lernen?

- Wer wirklich erfolgreich im Verkäuferberuf sein will, muß dafür sorgen, daß er stets den »richtigen« Mann vor sich hat.
- Kleine Angestellte hören zu – aus Neugierde oder wirklichem Interesse – ohne jedoch Entscheidungsbefugnisse zu besitzen. Hier vergeuden Sie Ihre Zeit.
- Seien Sie auf der Hut, wenn der Partner »zu höflich« ist. Lenken Sie das Gespräch schnell auf andere Bahnen, um neue, nützlichere Informationen zu erhalten.
- Ein informatorischer Anruf vor Ihrem Besuch kann Ihnen sehr viel Zeit und Geld ersparen.
- Analysieren Sie den Beeinflussungsgrad Ihres Gesprächspartners im Hause.

25 Der Verkäufer, der den Großhandelskunden mit einem Koffer Pistolen besuchte

Ein früherer Mitarbeiter, Herr Hochmuth, Regional-Verkaufsleiter einer namhaften Firma. Als er früher im Ruhrgebiet arbeitete, hatte er einen Großhändler, der nur dienstags und donnerstags Industrieverkäufer empfing. Der Warteraum war immer so voll, daß man schon frühzeitig erscheinen mußte, um überhaupt vorgelassen zu werden. Der Einkäufer war stets kurz angebunden und sein Gespräch begann mit den Worten: »Bitte fassen Sie sich kurz, ich habe wenig Zeit, worum geht es, was können Sie mir an Rabatten geben!«

Es ist schwierig, zu verkaufen, wenn die Kunden nicht zuhören und kurz angebunden sind.

Herr Hochmuth hatte in Erfahrung gebracht, daß dieser Einkäufer ein begeisterter Schütze war. Auch mein Bekannter pflegte dieses Hobby. Er kam mit dem Einkäufer ins Gespräch und versprach ihm, das nächste Mal einige seiner Pistolen mitzubringen.

Als Herr Hochmuth am nächsten Donnerstag im Warteraum saß und der Kunde ihn sah, sagte er: »Kommen Sie bitte herein, Herr Hochmuth!«

Später verließ Herr Hochmuth das Geschäft nicht nur mit Koffer und Pistolen, sondern auch mit einem dicken Auftrag!

Was können wir daraus lernen?

- Versuchen Sie, schon vor Ihrem Besuch spezielle Informationen über Ihren Kunden zu bekommen.
- Sie müssen sich von anderen Verkäufern in irgendeiner Weise differenzieren.
- Versuchen Sie, Gemeinsamkeiten mit dem Kunden herauszufinden.

26 Fallen Sie nicht mit der Versicherung ins Haus

Als Versicherungsvertreter wollte ich den Besitzer einer Werkstatt versichern. Ich war etliche Kilometer gefahren und mußte dann zu meinem Ärger feststellen, daß der Mann nicht anwesend war.

Während ich enttäuscht auf der Straße stand, sah ich im Nachbargarten einen Mann arbeiten. Ich dachte, vielleicht kann ich da eine Versicherung verkaufen, damit ich den Weg nicht umsonst gefahren bin.

Um überhaupt ins Gespräch zu kommen, mußte ich strategisch vorgehen. Ich näherte mich dem Zaun und fragte, ob ich einmal rüberkommen dürfte. Der Mann bejahte. Wir unterhielten uns längere Zeit sehr angeregt. Meinem Wunsch, sein Haus zu besichtigen kam er sofort nach, denn er wußte, daß ich ein Immobilien-Fachmann war. Ich sah mir das Haus an, und wir unterhielten uns dann im Wohnzimmer weiter. Natürlich dachte ich fortwährend: »Nun, wie verkaufst du diesem Mann eine Versicherung?«

Wie er mir sagte, mußte er noch einen Termin wahrnehmen, so daß nicht mehr viel Zeit blieb. Wie leicht könnte er jetzt sagen: »Es tut mir leid, aber ich muß nun wirklich fort!«

Verkäufer wissen aus Erfahrung, daß ein zweites, gutes Verkaufsgespräch viel schwerer zu führen ist.

Stolz fragte er mich plötzlich: »Nun, was halten Sie von meinem Haus?«

Ich erkannte, daß diese Frage Ansatzpunkte bot und hob die Vorteile seines Hauses hervor. Nach der Hypothek befragt, nannte er mir den Betrag. Nun konnte ich ihm sagen, daß er diese Hypothek mit einer Lebensversicherung abdecken könne, für die er nur eine kleine Prämie zahlen müsse. Ich fügte hinzu, daß ich ihm gern die Vorteile und sonstigen Einzelheiten erläutern würde, wozu ja aber heute keine Zeit mehr sei. Meine Frage, ob es ihm am Montag nächster Woche passen würde, bejahte er. Zur festgelegten Zeit um 14.00 Uhr erschien ich mit den entsprechenden Unterlagen, und wir besprachen die Einzelheiten auch mit seiner Frau. Er kaufte eine gute Versicherung, und später betreuten wir sämtliche Versicherungen für ihn.

Hätte ich mein Gespräch sofort mit Versicherungen eröffnet, wäre wahrscheinlich ein »Nein« die Antwort gewesen.

Was können wir daraus lernen?

- Bereiten Sie sich immer gründlich vor.
- Erst dann verkaufen Sie den Termin.
- Es gibt überall Kunden für Ihre Produkte. Sie müssen nur die Augen offenhalten und die Chancen nutzen.
- Entwickeln Sie Geduld, und Sie werden erfolgreicher verkaufen.

27 Was ich von einem Zahnarzt lernte

Mein Zahnarzt ist nicht nur ein hervorragender Zahnarzt, sondern auch ein guter Psychologe. Anläßlich einer Behandlung unterhielt ich mich lange mit ihm.

Er erzählte mir, daß sowohl Kinder als auch Erwachsene oft große Angst vor der Behandlung haben. Bei den Kindern ist das verständlich, denn sie sehen die Erwachsenen in ganz anderen Proportionen. Für ein vierjähriges Kind ist ein Erwachsener ein Riese, ganz besonders, wenn es ihm auf einem Stuhl gegenübersitzt. Deshalb wird ein guter Zahnarzt den Stuhl des Kindes erst einmal hochschrauben, so daß sich Patient und Arzt in gleicher Höhe in die Augen sehen können. Es entsteht damit eine bessere Verständigungsbasis und die Angst wird vermindert. Mit der Behandlung kann begonnen werden.

Haben wir im Verkauf nicht die gleichen Voraussetzungen zu erfüllen?

Was können wir daraus lernen?

- Versuchen Sie immer, mit dem Kunden als gleichberechtigtem Partner zu verhandeln.
- Bemühen Sie sich, im Gespräch Gemeinsamkeiten herauszustellen (sie sind z. B. beide Angestellte).
- Es gibt nichts Schöneres, als Menschen »aufzubauen« und ihnen Selbstvertrauen zu geben.

28 Der speckige Hut des Verkäufers

In meiner Freizeit unterhalte ich mich gern mit Geschäftsleuten. Während eines Urlaubs sprach ich mit einem Drogisten, den ich nach Verkäuferuntugenden fragte. Spontan sagte er:
»In meiner Drogerie habe ich für meine älteren Kunden zwei Hocker stehen. Sie glauben nicht, wie viele Verkäufer in mein Geschäft kommen und ihre Aktentaschen daraufstellen. Wer das tut, bekommt von mir keinen Auftrag. Ein anderer Verkäufer besitzt sogar die Frechheit, seinen speckigen Hut auf meine Bonbons zu legen!«

Nun, ich gebe zu, sehr wahrscheinlich hätte ich als Verkäufer meine Aktentasche ebenfalls auf den Hocker gestellt und wäre dann verwundert gewesen, daß ich keinen Auftrag von dem Kunden erhielt.

Was können wir daraus lernen?

- Die Knigge-Regeln für Verkäufer müssen wir kennen. Es sind oft nur Kleinigkeiten, durch welche die Kunden negativ beeinflußt werden.
- Die richtige Verhaltensweise beim Kunden ist ausschlaggebend für den Erfolg.
- Überlegen Sie genau, welche Manieren oder Eigenheiten Sie haben, die andere stören könnten. (Gewinnen Sie durch Taktgefühl.)
- Ihre Aktentasche darf niemals weiter als eine Armlänge von Ihnen entfernt stehen.

29 Schach als Mittel der Kontaktpflege

In einem meiner Verkaufstrainingskurse erzählte mir ein Teilnehmer folgende Geschichte:

Mehrere Monate lang besuchte ich vergebens einen Einzelhandelskunden. Die Kontaktanbahnung blieb ohne Erfolg. Doch weil ich ihn als einen sehr potenten Kunden erkannte, ließ ich nicht locker.

Während eines weiteren Besuches entdeckte ich zufällig ein Schachbrett in seinem Büro. Nun, ich selbst bin begeisterter Schachspieler. Sofort lenkte ich also das Gespräch auf Schach, und seine Augen blickten freundlicher. Wir vereinbarten einen Termin und spielten bis spät in die Nacht hinein. Der Kontakt war hiermit geschaffen. Heute heißt die Devise bei jedem Besuch: Erst ein Spiel, dann der Auftrag!

Was können wir daraus lernen?

- Ein guter Verkäufer kann seine Kontaktanbahnung durch das Herausfinden von Gemeinsamkeiten fördern.
- Entwickeln Sie Ihre Beobachtungsgabe. Achten Sie auf Kleinigkeiten im Büro, Geschäft oder Heim, die Ihnen Aufschluß über den Menschen geben.
- Nutzen Sie Ihre Kenntnisse, Hobbies und Erfahrungen, um Kunden zu gewinnen und zu interessieren.

30 Der Wagen mußte unbedingt rote Sitze haben

Ein früherer Verkaufsleiter einer VW-Niederlassung erzählte mir folgende Geschichte:

Eine einflußreiche Dame wollte einen VW kaufen und verlangte rote Sitze. Der Verkäufer wußte, daß ein Wagen mit solchen Sitzen nicht zur Verfügung stand und versuchte deshalb, die Frau von dieser Idee abzubringen. Er äußerte, daß diese Sitze unmodern seien. Diese Argumentation wurde nicht akzeptiert, im Gegenteil, die Frau war empört und sagte: »Was, Sie behaupten, rot sei eine unmoderne Farbe? Ich habe zu Hause viele rote Gegenstände, und mein Heim ist sehr geschmackvoll eingerichtet. Solche Äußerungen lasse ich mir nicht gefallen!«

Sie verließ das Geschäft und kam nie wieder. Warum? Weil viele Frauen Argumente auf sich persönlich beziehen.

Was können wir daraus lernen?

- Frauen denken nicht immer rationell, sondern mehr emotionell.
- Frauen beziehen viele Aussagen auf sich persönlich.
- Seien Sie immer taktvoll, besonders bei Gesprächen mit Frauen.
- Akzeptieren Sie Wünsche und Meinungen der Frauen.
- Gewinnen Sie die Frau – und Sie gewinnen meistens auch den Mann!

31 Der Kunde, der nie lachte

Herr Schuster erzählte mir anläßlich eines Seminars: Ich hatte einen sehr schwierigen Kunden, der wenig sprach und niemals sein ernstes Gesicht zum Lachen verzog. Oft habe ich nachgedacht, wie ich ihn zum Lachen bringen könnte.

Eines Morgens, als ich gerade zu ihm fuhr, kam mir für die Eröffnungsformulierung folgende Idee:

»Heute morgen, als ich am Frühstückstisch saß, sagte meine Frau, du bist so nervös.

Darauf erklärte ich ihr, daß ich Sie an diesem Tag als ersten Kunden besuchen würde.«

Der Kunde lachte und sagte: »Sie brauchen doch keine Angst vor mir zu haben!«

Bei weiteren Besuchen begrüßte er mich oft mit der Frage: »Nun, wie geht es unserem Nervösen?«

Was können wir daraus lernen?

- Planen Sie Ihr Verkaufsgespräch bei schwierigen Kunden im Geiste schon voraus.
- Erzählen Sie dem Kunden eine »Story«.
- Geben Sie dem Kunden das Gefühl, daß er Ihnen überlegen ist – es lohnt sich!
- Versuchen Sie, Ihren Kunden auch zum Schmunzeln zu bringen.
- Denken Sie immer daran: Jeder Kunde hat eine schwache Stelle. Finden Sie sie!

32 Sicherlich machen Sie den Einkauf?

Beim Verkauf in der Markenartikel-Branche ist es nicht immer leicht, zu wissen, wer eigentlich für den Einkauf zuständig ist. Meistens sind mehrere Angestellte anwesend. Der Besuch schlägt oft fehl, wenn eine Verkäuferin nach hinten geht und Sie ankündigt. Es ist so leicht für den Einkäufer, zu sagen, wir brauchen nichts. Der wichtigste Schritt ist die »Vorinformation«, und deshalb sollte man sich genügend Zeit nehmen, mehr über den Gesprächspartner zu erfahren. Die beste Strategie, die ich durch Zufall entdeckt habe, ist, den Gesprächspartner wie folgt anzureden:

»Sie machen hier sicherlich den Einkauf, nicht wahr?«

Die meisten Menschen fühlen sich geschmeichelt, wenn man sie in ihrer Position aufwertet. Ein solcher Mitarbeiter wird sich in jedem Fall für Sie einsetzen und den richtigen Mann »ausfindig« machen. Außerdem haben Sie damit einem Menschen vermutlich etwas mehr Selbstbewußtsein gegeben.

Was können wir daraus lernen?

- Die »Vorinformation« ist ein wichtiger Schritt zum Gespräch mit dem Einkäufer.
- Nicht nur über die Einkaufssituation, sondern auch über den Menschen müssen Sie informiert sein.
- Achten Sie stets auf Ihre Eröffnungsformulierung, denn ein frühes »Nein« kann Ihre Chancen zunichte machen.
- Entwickeln Sie die Fähigkeit, andere Menschen für Ihre Ziele einzusetzen.

33 Positivieren Sie Ihren Namen in der Kundenvorstellung

Ihr Name ist für den Kunden nicht das Wichtigste, sondern das, was Sie ihm anzubieten haben. Gute Verkäufer versuchen jedoch, auch namentlich beim Kunden in Erinnerung zu bleiben. Deshalb sollte man ihm Hilfsmittel in die Hand geben, damit er den Namen leichter behalten kann.

Es gibt viele Namen, die automatisch eine negative Assoziation beim Kunden auslösen. Entweder denkt er dann negativ oder er antwortet darauf mit einer nicht allzu kontaktfreudigen Aussage. Es gibt bei uns Deutschen sehr viele schwer verständliche Namen, deren Aussprache Schwierigkeiten macht und die sich schlecht einprägen lassen.

Ein Beispiel: D r e b i n g .

Für diesen Namen haben wir im Training folgende Formulierung erarbeitet:

»Lieber Kunde, denken Sie an eine Geldkasse«. Und mit einer entsprechenden Handbewegung sagt er: »Dre – bing«.

Ein Bekannter von mir, Dr. Hammerich, stellt sich wie folgt vor: »Groß Hammer – klein ich«.

Was können wir daraus lernen?

- Die ersten Worte sind wichtiger als die nächsten hundert. Sie müssen den Kunden in eine Ja-Situation bringen.
- Machen Sie es dem Kunden leicht, Ihren Namen auszusprechen und zu behalten – es bringt Ihnen Vorteile.
- Nennen Sie den Firmen- und eigenen Namen zusammen.

- Hinterlassen Sie Visitenkarten mit Ihrer Adresse und Telefon-Nummer.
  (Verkaufen müssen Sie aber trotzdem.)
- Die Erfahrung zeigt, daß schwierige und ungewöhnliche Namen am leichtesten behalten werden.

34 Zitate als Hilfsmittel für die Gesprächseröffnung

Der Geschäftsführer einer Versicherungsgesellschaft liebte Zitate. Dieser brillante Mann lernte seinen Beruf von der Pike auf. Er spielte in meinem Leben eine entscheidende Rolle, denn er empfahl mir sehr nachdrücklich, den Verkäuferberuf zu ergreifen. Ich habe mir sein oft verwendetes Eröffnungszitat gemerkt:

»Wenn der Berg nicht zu Mohammed kommt, muß Mohammed zum Berge gehen.«

Dieser Satz war für ihn gewissermaßen ein »Sesam-öffne-dich«, der ihm so manche Tür öffnete.

Versuchen Sie es doch auch einmal!

Was können wir daraus lernen?

- Der gute Verkäufer entwickelt einige Standard-Eröffnungssätze, die er bei passender Gelegenheit anwenden kann.
- Verblüffende Eröffnungssätze erringen den höchsten Aufmerksamkeitsgrad und erleichtern dadurch den »Eingang«.
- Durch die Anwendung der aus dem Rahmen fallenden Aussagen bleiben Sie beim Kunden oft jahrelang in Erinnerung.
- Seien Sie kein 08/15-Verkäufer, sondern entwickeln Sie Ihren eigenen Stil.

35 Alle sprechen vom Wetter – der gute Verkäufer nicht

Hauptsächlich auf dem Lande war der Reisende früher ein gern gesehener Gast. Der Kaufmann hatte damals mehr Zeit als heute. Oft dauerte das Gespräch mehrere Stunden, bis das ganze Waren-Sortiment gezeigt war. Dazwischen wurde bei einer Tasse Kaffee munter erzählt. Bei dieser Gelegenheit erfuhr der Landkaufmann die Neuigkeiten aus der Großstadt und sonstige Nachrichten der Branche. Der Besuch des Reisenden war für den Kunden eine Informationsquelle und zugleich eine interessante Abwechslung. Heute sind natürlich die Kommunikationsmittel stärker – denken wir nur an das Fernsehen.

Die Zeiten haben sich geändert, und die allgemeine Orientierung durch Presse, Fernsehen, Funk und Zeitschriften ist viel umfangreicher geworden. Die Personalknappheit zwingt den Geschäftsinhaber mehr denn je zu arbeiten. Deshalb hat er heute wenig Zeit für belangloses Gerede. Die herkömmliche Eröffnung, über das Wetter zu sprechen, ist heute unangebracht. Gute Verkäufer müssen deshalb versuchen, schon in den ersten Sekunden durch die Überraschungstaktik die Aufmerksamkeit des Kunden zu gewinnen, sonst sind die Chancen erheblich reduziert. Deshalb beachten Sie die Formulierung: »Alle reden vom Wetter – gute Verkäufer nicht.«

Was können wir daraus lernen?

- Analysieren Sie Ihre Gesprächseröffnungen schriftlich und streichen Sie unwesentliche Wörter.
- Vermeiden Sie nichtssagende Formulierungen.

- Fesseln Sie Ihre Kunden schon mit den ersten Sätzen.
- Der gute Verkäufer beherrscht die Kunst, sich von seinen Konkurrenten zu unterscheiden.
- Zeigen Sie dem Kunden ruhig, daß auch Sie es eilig haben und ihn daher nicht lange aufhalten werden, sonst glaubt er es nicht.

36 Fallen Sie nicht mit der Tür ins Haus

In der Frühe klingelt es an der Haustür, und verwundert schaut die Hausfrau durch das Fenster, um zu sehen, wer schon so frühmorgens läutet. Vielleicht ein lästiger Vertreter?

Der Verkäufer, der sofort an der Türschwelle sein Anliegen vorbringt und Produktvorzüge erklärt, wird ein klares Nein zu hören bekommen und bald vor einer geschlossenen Tür stehen.

Eine bekannte Kosmetik-Firma in Deutschland verwendet den Lippenstift-Eröffner. Der Verkäufer klingelt. Sobald die Tür aufgeht, geht er einen Schritt zurück und überreicht der Dame einen Lippenstift mit den Worten: »Ein Geschenk für Sie!« Damit entwaffnet er die Kundin und gewinnt in den meisten Fällen ihre Aufmerksamkeit.

Die Zeitschriften-Verkäufer wenden denselben Trick an. Sie haben allerhand Illustrierte bei sich und fragen: »Welche Zeitschrift lesen Sie?« Die spontane Frage löst meistens eine spontane Antwort aus. Falls der Kunde skeptisch oder zögernd reagiert, fügen Sie schnell hinzu: »Sie brauchen wirklich nichts zu kaufen«. Wenn diese Methode nicht funktioniert, kommt die »Studentenwelle« an die Reihe: »Ich brauche Geld zum Studieren, bitte helfen Sie mir. Sie kaufen die Zeitschrift sowieso; künftig wird Sie Ihnen ins Haus geschickt. Sie sparen dadurch Zeit und Lauferei.«

Was können wir daraus lernen?

- Überreichen Sie ein Geschenk und gewinnen Sie damit Ihre Gesprächspartner.
- Gehen Sie mit viel Taktgefühl vor, damit Sie Sympathie und Vertrauen gewinnen.

37 Die Klingel im Vorführkoffer

Herr Osbar überlegte sehr lange, wie er die Aufmerksamkeit des Kunden besser gewinnen könnte. Er kam auf die Idee, in den Deckel seines Vorführkoffers eine Klingel einzubauen. Dieser Überraschungsgag brachte ihm gute Erfolge. Meistens fragten die Kunden:
»Warum klingelt es?«
Worauf er antwortete:

»Diese Produkte werden bei Aufnahme Ihre Kasse auch klingeln lassen!«

Was können wir daraus lernen?

- Fesseln Sie Ihre Kunden – auch akustisch. (Ein Verkäufer verstand es, in den Lägern durch einfaches Flöten Aufmerksamkeit zu erregen.)
- Differenzieren Sie sich von Ihren Konkurrenten durch eine gute Gesprächseröffnung.
- Neue und originelle Gags fesseln den Kunden.
- Verwenden Sie einen Gag aber nicht zu oft.
- Lassen Sie den Kunden schon bei der Begrüßung auf irgendeine Art und Weise an seine Kasse denken.

38 Wie man Traktoren verkauft

Eine der ersten Regeln für Verkäufer – wie alle wissen – lautet: »Machen Sie die Konkurrenz nicht schlecht!« Diese Erkenntnis kann man sogar zur Technik entwickeln, wie diese kleine Geschichte beweist.

Der Kunde fragte den Verkäufer von Traktoren: »Nun, was halten Sie von der Konkurrenzmarke ›A‹?« Normalerweise äußert man sich nicht gerade positiv in solchen Fällen, sondern zieht seine Achseln hoch über die böse Konkurrenz. Dieser Verkäufer jedoch lobte in hohen Maßen die Vorzüge des Fabrikats, insbesondere die gute Bereifung.

»Ja, und was halten Sie von Marke ›B‹?«, fragte der Kunde gespannt.

»Nun, diese Traktoren sind wirklich sehr gut, besonders die hohe PS-Zahl.« Verblüfft und verwundert sagte der Kunde: »Und welche Vorzüge hat denn Ihr Fabrikat?« Daraufhin erwiderte er ganz stolz und mit einem kleinen Lächeln: »Ja, unser Fabrikat hat unter anderen auch diese Vorzüge« und führte sein Verkaufsgespräch weiter. Es gelang ihm, mit Erfolg zu verkaufen.

Was können wir daraus lernen?

- Wenn Kunden über die Konkurrenz Auskunft erbitten, kann es eine rein informatorische, eine Fang-Frage oder sogar eine provozierende sein.
- Viele Verkäufer sprechen nur mit einem Achselzucken über ihre Mitbewerber. Verblüffen Sie Ihre Kunden durch lobende Aussagen über die Vorzüge der Mitbewerber-Artikel.

- Kunden und Mitmenschen überhaupt schätzen die Objektivität, besonders beim Verkäufer.
- Es gehört zu einer echten Beratung, informiert zu sein über die Konkurrenzartikel, ihre Vor- und Nachteile sowie besondere Merkmale.
- Erarbeiten Sie eine Liste mit den Vorzügen und Nachteilen der einzelnen Konkurrenzprodukte.

39 Sprechen Sie kurze Sätze lang aus

Herr Aschenbach aus Köln erwähnte diesen Satz anläßlich eines Trainings. Er hatte in einem Satz das ausgesprochen, was ich in jahrelangem Training versucht habe, den Teilnehmern beizubringen.

Bei vielen Produkten sind die Produktvorteile oder -aussagen begrenzt. Deshalb muß man gerade diese wichtigen Punkte besonders betonen und ihnen eine optimale Bedeutung geben.

Kurz gesagt, sprechen Sie kurze Sätze lang aus.

Was können wir daraus lernen?

- Es ist besser, weniger zu sagen als zuviel.
- Präsentieren Sie Ihre wichtigsten Aussagen klar und prägnant.
- Kurze Sätze sind leichter verständlich als lange.
- Mit Recht sagt man: »In der Kürze liegt die Würze.«
- Machen Sie es dem Kunden leicht, zuzuhören.

40 Neger, die eine Rede halten, müssen auf einem Bein stehen

Bei manchen Negerstämmen müssen die Redner während des Vortrags auf einem Bein stehen. Demzufolge sind die Vorträge meistens kurz und knapp gehalten.

Als Verkaufstrainer habe ich die Erfahrung gemacht, daß Verkäufer oft zuviel reden. Das haben mir auch viele Einkäufer bestätigt.

Was können wir daraus lernen?

- Wenn Sie einen Kunden antreffen, der wenig Zeit hat, dann stellen Sie sich die Neger auf einem Bein stehend vor, während Sie reden.
- Üben Sie Ihre eigenen Verkaufsgespräche auf einem Bein stehend. Die Beine aber nicht wechseln!
- Beherzigen Sie die Worte:
  »Weniger reden – mehr zeigen«.
- Je weniger Zeit die Kunden haben, desto mehr sind Sie gezwungen, im Telegrammstil zu reden.

41 Der Kuchen mit dem Schwips

Entdecken Sie das I-Tüpfelchen Ihres Produktes oder eine pfiffige Aussage, die beim Konsumenten ankommt.

Als Werbeleiter einer Feinkostfirma betreute ich einen Messestand während der »Grünen Woche« in Berlin. Es ging um den Verkauf eines französischen Kuchens, den wir in Deutschland einführten. Bei der Planung war nicht abzuschätzen, wie der Verkauf sein würde, so daß wir an Ort und Stelle experimentieren mußten. Wir legten Probierstücke des Kuchens auf Schalen und offerierten diese den Besuchern. Der Verkauf war am ersten Tage nicht befriedigend, und wir überlegten uns, was wir hier besser machen könnten. Unter den Zutaten des Kuchens befand sich unter anderem auch Rum. Ein Verbraucher fragte scherzhaft, ob man davon nicht betrunken würde. In diesem Moment wurde unser Verkaufsslogan am Stand geboren: »Der Kuchen mit dem Schwips!«

Wir posaunten diese Aussage laut heraus, und die aufgeschlossenen und immer neugierigen Berliner standen Schlange, um ein Häppchen zu bekommen. An diesem Zwei-Mann-Stand verkauften wir täglich über tausend Packungen. In der Küche wurde eine Dame beschäftigt, die den ganzen Tag über nur Probierstückchen schnitt.

Was können wir daraus lernen?

- Analysieren Sie Ihren Artikel und versuchen Sie, einen Verkaufsgag oder eine pfiffige Aussage zu finden.
- Verbraucher und Kunden liefern Ihnen oft unbewußt Verkaufsideen, die Sie verwenden können.

- Es sind oft die »kleinen Sachen« oder Ideen, die ausschlaggebend sind.
- Verkaufsmessen sind wichtig, um den Kontakt mit dem Verbraucher zu vertiefen.

42 Woran erkennt der Einkäufer den guten Verkäufer?

Herr Schmuck, Einkäufer einer bedeutenden Markenartikel-Firma, erzählte mir, daß er einen Verkäufer sehr schnell kategorisieren kann, nämlich durch seine Sitzhaltung auf dem Stuhl. Dabei unterscheidet er drei Hauptgruppen:

1. Der etwas Unerfahrene und Schüchterne sitzt vorn auf der Stuhlkante und schaut mit unruhigem Blick im Raum umher.
2. Der Erfolgreiche setzt sich bequem nach hinten mit etwas vorgeneigtem Kopf.
3. Der Überhebliche lehnt seinen Körper mit ausgestreckten Füßen und hängenden Armen weit nach hinten.

Die Körperhaltung eines Menschen verrät uns also sehr viel und gibt dem beobachtungsbegabten Einkäufer eine starke Ausgangsposition während der Verhandlung.

Der Mensch wird nicht so erkannt wie er ist, sondern wie er erscheint.

Was können wir daraus lernen?

- Der Körper verrät oft den seelischen Zustand eines Menschen. Der niedergeschlagene Mensch schaut nach unten und der hoffende nach oben.
- Psychologen wissen, daß sich der Mensch von außen nach innen genau so beeinflussen läßt wie umgekehrt.
- Frank Bettger, der erfolgreiche Versicherungskaufmann, sagte: »Handele begeistert, und Du wirst begeistert sein.«
- Durch Begeisterung reißen Sie andere Menschen mit.

43 »Wo ist Ihr Vorgänger, Herr Meier?«

Jeder Reisende übernimmt einen neuen Bezirk mit Unbehagen, denn er muß nun in mühseliger Kleinarbeit den so wichtigen Kundenkontakt schaffen, bevor er nennenswerte Erfolge erzielen kann. In einem Fall hörte ein Reisender in einem übernommenen Bezirk immer wieder die Frage: »Sagen Sie mal, wo ist denn eigentlich Ihr Vorgänger, Herr Meier?«

Da sich die Frage oft wiederholte, entschloß sich der Reisende, ihr einmal auf den Grund zu gehen. Er sprach einen Kunden darauf an und erhielt folgende Antwort:

»O ja, Herr Meier war ein hervorragender Verkäufer. Er stellte die Interessen seiner Kunden immer in den Vordergrund und suchte ständig nach Mitteln und Wegen, seinen Kunden zu helfen, ihren Umsatz zu erhöhen. Beispielsweise brachte er oft neue Ideen und Vorschläge. Er hatte Zeitungsausschnitte aus der Fachpresse zur Hand, übermittelte Dekorationsvorschläge und half bei der Plazierung der Ware mit. Ein freundliches Wort für mich und mein Personal war selbstverständlich.«

Einen so guten Reisenden als Vorgänger zu haben, ist für den neuen Mann natürlich schwer.

Was können wir daraus lernen?

- Bevor Sie einen neuen Bezirk übernehmen, bitten Sie Ihren Vorgänger um »Kunden-Information.«
- Sprechen Sie stets positiv über Ihren Vorgänger.
- Seien Sie für Ihren Kunden »Freund und Helfer«.
- Wer seinen Kunden mehr bietet, bleibt im Geschäft.

44 Verkäufer mit Warenkenntnissen verkaufen sogar während des Essens

Es gab einen brillanten Besteckverkäufer, der es verstand, phänomenale Umsätze in seinem Bezirk zu erzielen. Ein Journalist lud diesen Verkäufer zum Essen ein, um hinter sein Verkaufsgeheimnis zu kommen. Der Journalist begann sein Gespräch mit der Formulierung: »Wie machen Sie das bloß?«

»Einen Augenblick«, sagte der Verkäufer, »ich will Ihnen schnell mal ein Besteck aus dem Wagen holen, um Ihnen die gute Qualität zu demonstrieren.«

Bald war er zurück. Während des Essens überreichte er erst das Messer, dann die Gabel, Suppenlöffel und schließlich einen Teelöffel und bat den Journalisten, diese nacheinander in seine Hand zu nehmen, um die gute Qualität zu prüfen. Er sagte dabei: »Fühlen Sie, wie leicht das Messer in der Hand liegt? Schneiden Sie mal – butterweich, nicht wahr? Aus echtem Cromagan-Stahl, rostfrei, hält eine Ewigkeit, leicht zu putzen und sehr repräsentativ. Kunden mit gutem Geschmack bevorzugen diese Qualität. Wir erwarten nächste Woche eine Preiserhöhung, aber ich habe noch einen vollständigen Satz im Wagen. Es wäre doch eine nette Überraschung für Ihre Frau heute abend. Der Satz kostet nur DM ... Das ist pro Stück umgerechnet doch sehr preiswert, nicht wahr?«

Der Journalist sagte daraufhin: »Gut, ich kaufe einen Satz.«

Der Verkäufer hatte den Reporter so begeistert, daß er sich beim Essen nur für die Ware interessierte. Als der Journalist nach Hause kam, fiel ihm ein, daß er vergessen hatte, dem Verkäufer einige Fragen über sein Erfolgsgeheimnis zu stellen.

Er selber hatte ja auch einen Besteckssatz gekauft, und nun mußte er doch schmunzeln.

Was können wir daraus lernen?

- Ein guter Verkäufer nützt jede Chance und Gelegenheit, seine Ware »an den Mann zu bringen«.
- Seien Sie immer bereit, ein Verkaufsgespräch zu beginnen. Viele tausend von DM sind in Aufträgen schon verlorengegangen, weil das notwendige Rüstzeug bei passender Gelegenheit nicht bei der Hand war.
- Seien Sie begeistert und überzeugt von Ihrer Ware.
- Lassen Sie den Kunden die Ware in die Hand nehmen, und sein Besitzerwunsch und die Konzentrationsfähigkeit wird sich steigern.
- Verwenden Sie kurze, suggestive Formulierungen.
- Nennen Sie die Vorteile, die sich durch einen sofortigen Kauf anbieten.

45 Gute Verkäufer verstehen es, Nutzen zu bieten

Der gute Verkäufer ist eigentlich ein Problemlöser für seine Kunden. Ein wichtiges Feld für ihn ist die Gewinnmaximierung, Kosteneinsparung und die Rationalisierung. Wer im Augenblick auf den großen Auftrag verzichtet und nur den echten Bedarf seiner Kunden vordergründig betrachtet, wird letzten Endes im Geschäft bleiben und Dauerkunden gewinnen.

Herr Blöcker, ein seriöser Herr von 65 Jahren, vertrat eine namhafte Versicherungs-Gesellschaft. Er verkaufte mir vor vielen Jahren eine kleine Hausratsversicherung mit einer geringen jährlichen Prämie. Es hinderte ihn jedoch nicht, uns oft als immer willkommener Gast zu besuchen. Mittlerweile gelang es ihm, uns weitere Versicherungen für die ganze Familie zu verkaufen. Seine nette und bescheidene Art veranlaßte mich, ihm eine ganze Reihe Namen von Bekannten zu geben, die sich für Versicherungen interessieren könnten.

Ich konnte diesen Herrn wirklich empfehlen, weil er niemals mit Hochdruck verkaufte, sondern dem Kunden echten Nutzen bot.

Was können wir daraus lernen?

- Seien Sie bereit, erst einmal klein einzusteigen. Denken Sie zuerst an den Nutzen, den Sie Ihrem Kunden bieten können und nicht nur an die Provision.
- Ein kleines Geschäft und gute Kundenbetreuung führen meist zu größeren und lukrativeren Geschäften.
- Zufriedene Kunden werden Sie weiterempfehlen und sich für Sie persönlich engagieren.
- Denken Sie daran, aus kleinen Kunden können größere werden.

46 Weniger reden – mehr zeigen

Bestimmt haben Sie es schon selbst erlebt, daß auf Parkplätzen Verkäufer mit Lappen und Wagenpflegemitteln fleißig Roststellen o. ä. an Ihrem Wagen entfernten. Erstaunt schauten Sie zu. Plötzlich wurde Ihnen von dem Verkäufer ein Produkt in die Hand gedrückt mit den Worten: »Zehn Mark bitte – Sie werden mehrere Monate damit auskommen!«

Was können wir daraus lernen?

- Die Überraschungstaktik anwenden.
- Ganz neue Verkaufsmethoden anwenden.
- Sie überreichen die Ware, ohne lange zu fragen, und setzen als selbstverständlich voraus, daß der Kunde kaufen wollte.
- Sie sprechen den Spieltrieb des Menschen an.
- Sie nutzen den Nachahmungstrieb aus.
- Der Preis entspricht einer runden Summe.

47 Originalität läßt sich besser verkaufen

Ein Konzernchef suchte einen neuen Mitarbeiter als rechte Hand. In führenden Zeitungen wurden Anzeigen aufgegeben. Mehrere Bewerber meldeten sich, von denen jedoch nur fünf in die engere Wahl gezogen wurden. Ein Kandidat stand auf der Liste ganz oben, weil seine Bewerbung kurz und präzise abgefaßt war. Dieser Bewerber hatte sich ein schwarzes Stempelkissen beschafft und den Abdruck seiner rechten Handfläche auf ein DIN A 4-Blatt gebracht. Mit Schreibmaschine schrieb er dazu: Ihre rechte Hand – erbitte Vorstellungstermin.

Dieser »Ideen-Mann« wurde eingestellt.

Was können wir daraus lernen?

- Seien Sie bereit, in der neuen Gesellschaft auch neue Wege zu gehen.
- Bernard Shaw sagte: »Die meisten Menschen sind zu faul zum Denken – wenn es hoch kommt, denken sie einmal im Jahr.«
- Heute wird Kreativität verlangt. Studieren Sie Anzeigen, um dadurch Ihre Phantasie anzuregen.
- Durch das Außergewöhnliche können Sie Menschen faszinieren und begeistern.
- Überlegen Sie jetzt einen neuen »Dreh« für Ihr Verkaufsgespräch.

48 Wie Inder Kleiderstoffe verkaufen

In einer kleinen Stadt, in der ich einige Tage verweilte, konnte ich die erfolgreichen Verkaufsmethoden der Inder beobachten. Die Inder waren in der Anwendung strategischer Mittel sehr geschickt. Es ist ein verankertes Motiv, daß der Mensch dort kauft, wo er den größten Vorteil hat. Der Käufer ist jedoch nicht immer in der Lage, die Vorteile exakt differenzieren zu können. Den Indern war es gelungen, sich das Image aufzubauen, daß sie ihren Kunden den größten Vorteil gaben; nur beruhte dies nicht immer auf Tatsachen, wie folgendes Beispiel beweist:

Viele kauften Stoff bei dem Inder, weil er am Ende immer ein Bonsella gab, mit anderen Worten »etwas umsonst«. Nun, der Inder hatte dabei einen Trick. Nach jedem abgemessenen Meter ließ er den Stoff unter den Tisch fallen und ergriff ihn dann wieder, um jedesmal ein paar Zentimeter zurückzugreifen, so daß am Ende die Stofflänge immer um einige Zentimeter zu kurz war. Dann sagte der Kaufmann großzügig: »Und nun bekommen Sie noch einen halben Meter umsonst als Bonsella!«

Mit dieser optischen Täuschung begeisterte er seine Kunden.

Was können wir daraus lernen?

- Der Kunde möchte Vorteile und kauft deshalb dort, wo er sich solche verspricht.
- Der Kunde möchte gern etwas umsonst. Er möchte immer das Gefühl haben, daß er ein gutes Geschäft gemacht hat.

49 »Ihre Werbung ist unmöglich«

Die Berliner sind sehr herzlich, aber kritisch. Sie diskutieren gern und halten mit ihrer Meinung nicht hinter dem Berg zurück.

Wir, ein Verkäufer und ich, besuchten einen Einzelhändler während einer nationalen Einführung von Bienenhonig. Der Reisende zeigte dem Kunden das Produkt. Doch ohne zu schauen, winkte der Kunde sofort ab und sagte: »Wissen Sie was, Ihre Werbung im Fernsehen ist das Letzte – so etwas Kitschiges können Sie doch nicht bringen!«

Der Verkäufer verteidigte unsere Firma und ihre Werbemaßnahmen, obwohl das psychologisch nicht immer klug ist. Je mehr er argumentierte, desto mehr bestand der Händler auf seiner Meinung und ließ sich nicht mit verständlichen oder sachlichen Argumenten überzeugen.

Die Verhandlung wurde brenzlig, und es bestand die Gefahr, daß er uns hinauswarf. Nun begann ich mich an dem Gespräch zu beteiligen und riß das Ruder durch folgenden Einwand an mich: »Ich finde es sehr interessant, was Sie sagen, denn Sie sind ein Mann der Praxis. Wir werden Ihre Ideen sofort notieren und an unsere Marketing-Abteilung weitergeben.« Wir hörten zu, und er ereiferte sich mehr und mehr – wir notierten fleißig. Der Mann war durch unser Zuhören wie umgewandelt. Beim nächsten Besuch des Reisenden fragte er gleich: »Und was hat Ihre Firma zu meinen Ideen gesagt?«

Bestimmt hat er seiner Frau und seinen Bekannten erzählt: »Die Firma X habe ich beraten – als Mann der Praxis!«

Was können wir daraus lernen?

- Es lohnt sich immer, gut zuzuhören.
- Notieren Sie die Ideen anderer. Nehmen Sie deren Vorschläge und Anregungen ernst.
- Bauen Sie Ihren Kunden auf. Achten Sie stets auf die Meinung Ihres Gesprächspartners.
- Wer zuhört, lernt auch viel.
- Die meisten Menschen lieben Ihre eigenen Ideen.

50 Kennen Sie die Steak-Bestell-Methode?

Wenn Sie ein Steak bestellen, dann wird Ihnen in manchen Restaurants ein halber Ochse auf den Teller gelegt, in anderen dagegen sind sie recht klein. Ich überlegte, wie ich es bewerkstelligen konnte, auch hier größere Exemplare zu bekommen. Folgende Methode habe ich inzwischen mit Erfolg angewandt, wobei die richtige Formulierung sehr wichtig ist, um die Zustimmung des Obers zu erhalten:

»Herr Ober, ein Freund sagte mir, daß die Steaks bei Ihnen so gut schmecken. Stimmt das?«

In den meisten Fällen wird der Ober kopfnickend zustimmen und vielleicht antworten: »Ja, ich glaube schon!«

Sie fahren dann fort:

»Nun, mein Freund sagte aber auch, daß die Portionen manchmal etwas klein ausfallen. Stimmt das?« Oft sagt der Ober dann: »Eigentlich nicht«. Dann müssen Sie eine Herausforderung aussprechen, indem Sie sagen: »Gut, dann werde ich mich überraschen lassen!«

Der Ober wird in diesem Fall sicher zum Koch gehen und um eine größere Portion bitten. Versuchen Sie es einmal, es wird bestimmt funktionieren!

Hier jedoch noch eine kleine Geschichte als Warnung: Diese Methode habe ich einmal vor Bekannten demonstrieren wollen und bestellte ein Bauernfrühstück. Der Ober legte mich herein, indem er eine riesige Portion brachte. Ich war gezwungen, alles aufzuessen. Also – nicht mit einem Bauernfrühstück versuchen!

Was können wir daraus lernen?

- Eine ausgedachte Formulierung im Gespräch ist eine wertvolle Stütze bei der Gesprächsführung.
- Versuchen Sie, von Ihrem Gesprächspartner eine Zusage zu einem »allgemeinen Punkt« zu erhalten, so daß Sie ihn dadurch teilweise verpflichten.
- Fordern Sie den Gesprächspartner auf, seine Behauptungen zu beweisen und nageln Sie ihn fest!
- Analysieren Sie Werbeanzeigen, um ähnliche Techniken kennenzulernen.

51 Was ich auf der Hydepark-Meckerwiese lernte

Vor vielen Jahren verbrachte ich einige Wochen in London. Dort kam ich zu einer Erkenntnis, die auch Sie mit Erfolg anwenden können.

Es war ein regnerischer Sonntagnachmittag, doch viele Menschen waren im Hydepark. Sprecher mehrerer Interessengruppen hatten sich dort eingefunden. Mir fiel ganz besonders ein katholischer Pfarrer auf.

In der Menschenmenge war ein Londoner, der dauernd Bemerkungen machte, die störend wirkten. Der Prediger ließ sich jedoch nicht aus der Fassung bringen, im Gegenteil, er sagte zu dem Meckerer, daß er mit seinen Äußerungen recht haben möge und forderte ihn auf, nach vorn zu kommen, um seine Meinung vor allen Anwesenden zu sagen. Der Mann schwieg sofort und verschwand schnell in der Menge.

Was können wir daraus lernen?

- Es ist eine gute Taktik, solche Menschen anzuhören und sie dann aufzufordern, einen positiven Vorschlag zu unterbreiten. Sie blamieren sich meistens.
- Ich mache es so, daß ich um drei Vorschläge bitte, wie man es besser machen könnte. Meistens erhalte ich nicht einmal einen Vorschlag.
- Viele Menschen sind von vornherein gegen eine Ansicht, ohne selbst eine konkrete oder positive Meinung zu haben.

- Eine gezielte Frage an passender Stelle bringt manchen zum Schweigen.
- Wer im Verkaufsgespräch Fragen stellt, führt das Gespräch.

52 »Führen Sie den Gesprächspartner nach Sibirien«

Ein Dozent erwähnte diesen Satz anläßlich eines Rhetorikseminars.

Stellen Sie Fragen an Ihren Gesprächspartner, ohne schon frühzeitig Ihre Meinung zu äußern. Lassen Sie ihn kommen. Ermuntern Sie ihn zum Sprechen. Stellen Sie weitere Fragen, bis er sich festrennt. Verwenden Sie die rhetorischen Fragen: Warum – wo – wieso – wann – wofür – usw. Hören Sie dann gut zu. Sie erhalten wichtige Fakten als Vorinformation und als Ausgangsbasis für die spätere Verhandlung. Nicht umsonst sagt man: Wer fragt, führt das Gespräch.

Ich glaube, folgende Episode verdeutlicht klar die anzuwendende Technik:

Ein guter Verkäufer wurde vom Kunden gefragt: »Warum beantworten Sie eine Frage immer mit einer Frage?« Worauf der Reisende antwortete: »Warum sollte ich nicht?« Besonders der begeisterte Verkäufer läßt den Kunden oft gar nicht zu Wort kommen. Ein Kunde sagte einmal zum Verkäufer: »Gut, dann bestelle ich zwei Dutzend!« Der Verkäufer reagierte darauf mit den Worten: »Aber, aber, ich bin mit meinem Verkaufsgespräch doch noch gar nicht fertig.«

Was können wir daraus lernen?

- Viele Verkäufer haben die Kunst des Fragestellens verlernt.
- Wer fragt, der führt.
- Gute Verkäufer beginnen Gespräche mit folgender Formulierung: »Ich möchte mich gerne über Ihre Probleme informieren. Gestatten Sie mir, einige Fragen an Sie zu richten?«

- Nehmen Sie sich also vor, schon morgen mehr Fragen an Ihre Mitmenschen zu stellen.
- Sicherlich haben Sie auch eine interessante Episode?

53 »Wo haben Sie mein Weihnachtsgeschenk?«

Manche Kunden können in ihren Forderungen sehr unverschämt sein, besonders, wenn es sich um Geschenke handelt. Gerade im Markenartikel-Geschäft hört man oft die Formulierung: »Haben Sie nicht etwas für mich?«

Kürzlich besuchte ich beispielsweise die Universitäts-Klinik in Mainz und erkundigte mich erst einmal beim Pförtner. Nach der Auskunft schaute er in meinen Wagen und fragte, ohne mit der Wimper zu zucken: »Haben Sie ein paar Muster für mich?«

Ein Verkäufer wurde um Weihnachten herum von einem Kunden gefragt: »Wo haben Sie mein Weihnachtsgeschenk?«

Eine solche Frage bedarf einer schlagfertigen Antwort. Der Verkäufer sagte: »Mein Geschenk an Sie ist, daß Sie mein vollstes Vertrauen besitzen!«

Der Kunde war sprachlos und fragte: »Was haben Sie heute zu bieten?«

Was können wir daraus lernen?

- Kunden darf man nicht durch Geschenke »erkaufen«.
- Unverschämten Forderungen kann man sehr gut mit schlagfertigen Antworten begegnen.
- Geschenke haben den besten Erfolg, wenn sie in Form einer Überraschung überreicht werden.
- Gute Verkäufer schenken Kunden Aufmerksamkeiten dann, wenn sie nicht erwartet werden. Weihnachten gehen bekanntlich die meisten Geschenke im Trubel unter. Schenken Sie deshalb lieber Anfang des Jahres etwas oder bei einer anderen passenden Gelegenheit.

- Auch einem Kunden muß man die Meinung sagen, wenn er unverschämt wird.

54 Psychologische Techniken der Medizinmänner

Ich habe über 30 Jahre in Afrika gelebt und bin noch heute von den psychologischen Techniken der Medizinmänner fasziniert, die sie in ihren Behandlungsmethoden anwenden. Diese Männer haben eine kaum zu glaubende Macht über ihre Stammesgenossen. Sie können sogar Menschen in den Tod treiben, denn ihr Fluch übt eine solche Kraft aus, daß die Neger fest daran glauben und tatsächlich sterben.

Die Medizinmänner – im Englischen »witch-doctors« genannt – sind auch in der Lage, festzustellen, ob jemand lügt, und zwar folgendermaßen:

Auf einem Bauernhof in Natal wurden drei Schafe gestohlen. Es ging nun darum, zu ermitteln, wer von den zehn Boys die Schafe gestohlen hatte. Ein Medizinmann wurde bestellt. Er ließ die Boys in einer Reihe antreten und gab jedem einen Stock von jeweils 60 cm Länge. Er sagte, daß einer von ihnen die drei Schafe gestohlen habe. Jeder solle nun nach Hause gehen und sich am nächsten Tag um 10 Uhr melden. Dabei bemerkte er ferner, daß der Stock des Schuldigen in der Nacht um 1 cm wachsen würde.

Der Schuldige dachte nun, ich bin ja nicht dumm, ich schneide einfach 1 cm von meinem Stock ab, dann kann der Medizinmann nicht feststellen, daß ich der Täter war.

Am nächsten Morgen prüfte der Medizinmann beim Einsammeln der Stöcke nur, welcher Stock kürzer war und ermittelte durch diesen sehr einfachen, doch klugen Trick den Schuldigen.

Was können wir daraus lernen?

- Glauben Sie nicht alles, was der Kunde Ihnen sagt. Er versucht verständlicherweise mit allen Mitteln das äußerste an Rabatten und Vergünstigungen von Ihnen herauszuholen.
- Prüfen Sie die Einwände und Behauptungen des Kunden auf Sachlichkeit und Richtigkeit.
- Viele Kunden werden versuchen, Ihnen durch ihre Argumentation eine Falle zu stellen. Seien Sie als Verkäufer deshalb immer auf der Hut.
- Der Gewinn eines Unternehmens kann sehr schnell durch untüchtige Verkäufer verlorengehen.

55 Wie eine Firma kanadischen Lachs verkaufte

Vor Jahren hörte ich folgende Geschichte: In Kanada gab es zwei konkurrierende Firmen, die Lachs in Dosen verkauften. Die Firma, die den roten Lachs verkaufte, hatte den größeren Marktanteil, zum Leidwesen der anderen, die den weißen Lachs anbot. Es wurde lange überlegt, wie man diesem Vorsprung der Konkurrenz begegnen könnte. Einer kam auf die Idee, folgenden Satz auf die Dose zu schreiben: »Der weiße Lachs, der sich nicht in der Dose verfärbt.«

Man wollte hiermit dem Verbraucher suggerieren, daß die weiße Qualität besser ist. Nach einer gewissen Zeit gelang es dieser Firma auch, das Image des weißen Lachses zu heben. Eine Idee und eine gute Formulierung erhöhten den Umsatz des weißen Lachses.

Was können wir daraus lernen?

- Man verkauft nicht nur die Ware, sondern auch die Idee.
- Analysieren Sie die Argumente und Werbeaussagen Ihrer Konkurrenten. Eine negative Werbung kann für Ihr Produkt sehr schädlich sein.
- Analysieren Sie die Vorteile Ihres Produktes.

56 Der schlagfertige Berliner

Schlagfertigkeit ist eine viel bewunderte Fähigkeit, die sich jeder Verkäufer aneignen sollte. Manche schwierige Situation kann durch sie ins Positive umgewandelt werden.

Vor einigen Jahren verbrachte ich meine Mittagsstunde am Wannsee. Dort konnte ich folgende nette Episode miterleben:

Ein Berliner wollte sich mit seiner Familie im Garten eines Lokals an einen Tisch setzen. Der Ober eilte herbei und sagte: »Es tut mir leid, dieser Tisch ist reserviert.« Daraufhin sagte der Gast: »Das ist schade für Sie!« Der Ober war verblüfft, lächelte dann aber und sagte: »Gut, meinetwegen nehmen Sie hier Platz, die Gäste kommen doch erst später.«

Was können wir daraus lernen?

- Viele Situationen, die zuerst negativ erscheinen, können durch schlagfertige Bemerkungen ins Positive umgewandelt werden.
- Schlagfertigkeit ist erlernbar, sobald man ihre Notwendigkeit erkannt hat.
- Sammeln Sie schlagfertige Bemerkungen, die Sie in entsprechenden Situationen anwenden können.
- Bringen Sie jedoch nie Ihren Gesprächspartner in Verlegenheit, sondern lassen Sie die Bemerkung gegen Sie selber sprechen.

57 Ich verkaufe den meisten Kaffee

Während meines Urlaubs besuche ich gern Geschäfte und unterhalte mich mit den Inhabern, um zu erforschen, welche Erfahrungen sie mit Verkäufern gemacht haben.

In Heide in Schleswig-Holstein unterhielt ich mich mit einem Lebensmittelhändler, der nur ein sehr kleines Geschäft besitzt. Während des Gespräches erzählte er mir aber ganz stolz, daß er nach Angaben des Reisenden den größten Kaffeeumsatz der Stadt habe. Der Verkäufer frage ihn oft, wie er das eigentlich mache.

Sehr stolz auf das Lob des Reisenden, bemüht er sich seitdem noch mehr, den Kaffee-Verkauf für diesen Reisenden zu forcieren.

Wieder einmal bestätigt sich, welche Auswirkung eine positive Aussage oder ein Lob haben kann. Auf diese Art bringen Sie den Kunden zu noch höheren Leistungen.

Wann haben Sie Ihren Kunden eine echte Anerkennung ausgesprochen?

Was können wir daraus lernen?

- Anerkennung ist ein Ansporn zu noch höheren Leistungen.
- Erfolgreiche Kunden können für Sie eine Referenz bei anderen potenten Abnehmern sein.
- Nehmen Sie sich die Zeit, um mit dem Kunden über die Belange seines Geschäftes zu sprechen.

58 Der Verkäufer mit medizinischen Kenntnissen

Herr Skupsch, ein sehr tüchtiger und erfolgreicher Großhandelsreisender, bestätigte anläßlich eines Seminars, daß Verkäufer Kunden gewinnen können, indem sie ein persönliches Interesse an deren Belangen zeigen. Er erzählte folgendes:

Ich kam zu einem Kunden, der sehr deprimiert war. Seine Frau lag seit mehreren Monaten krank zu Hause. Sie litt an einer Schrumpfniere. Die Ärzte konnten nicht mehr helfen.

Nun, wie das Schicksal es wollte, diese Krankheit war für mich nichts Neues, denn meine Mutter litt ebenfalls darunter. Auch ihr konnten die herkömmlichen Ärzte nicht helfen. Es war ein Heilpraktiker, dem es gelang, eine Besserung herbeizuführen, was für uns ein Wunder war.

Als ich nun die Geschichte des Kunden hörte, ging ich sofort zu diesem Heilpraktiker und besorgte die entsprechenden Medikamente, um der leidenden Frau zu helfen. Bei meinem nächsten Besuch konnte ich erfahren, daß es ihr schon nach dieser kurzen Zeit erheblich besser ging. Der Kunde begrüßte mich mit sehr viel Freude und Dankbarkeit. Ich hatte nicht nur einen Kunden gewonnen, sondern auch einen Freund. Es profitierten die Frau, der Mann, der Heilpraktiker, die Firma und ich.

Was können wir daraus lernen?

- Seien Sie ein wirklicher Helfer Ihrer Kunden.
- Setzen Sie sich persönlich ein, um Ihren Kunden mit Rat und Tat von Nutzen zu sein.

- Unsere Pflicht und Aufgabe ist es, nicht nur für die Erfüllung unseres Berufes zu sorgen, sondern auch anderen Menschen zu helfen.
- Eine menschliche Hilfestellung bringt einem selbst Freude.

59 Es lohnt sich, Kundeninteressen wahrzunehmen

Viele Verkäufer sind derart damit beschäftigt, ihre eigenen Verkaufsziele zu erreichen, daß sie sehr oft nicht kundenorientiert denken.

Vor einiger Zeit besuchte ich während einer Urlaubsvertretung eines Reisenden eine Drogerie in Darmstadt. Der Kunde sagte mir sofort: »Tut mir leid, ich habe eine Reklamation, die ich doch lieber mit dem Bezirksreisenden besprechen möchte.« Ich erwiderte, daß ich das doch auch erledigen könne, da es das Hauptbestreben unserer Firma sei, zufriedene Kunden zu haben.

Der Drogist bat mich darauf in sein Büro und zeigte mir erbost eine Vorladung vom Amtsgericht Mainz. Er hatte Ware von einem Reisenden gekauft, die durch einen Großhändler berechnet werden sollte. Leider wurde diese Abmachung von unserer Firma übersehen. Nach Erhalt einiger Mahnungen hatte sich der Kunde an einen Rechtsanwalt gewandt, um die Firmenforderung anzufechten. Kurz darauf erhielt er eine Gutschrift von unserer Firma. Nun wollte er noch eine Gutschrift für die ihm entstandenen Kosten haben – ich meine auch völlig zu Recht.

Der Kunde war über diese prompte Erledigung sehr erfreut und gab mir einen Auftrag im Werte von DM 800,–. Wir unterhielten uns noch einige Zeit über sein Geschäft – Minuten, die für mich sehr wertvoll waren.

Was können wir daraus lernen?

- Reklamationserledigungen öffnen meistens die Tür zu guten Aufträgen.

- Erfolgreich verkaufen, heißt Kundeninteressen wahrnehmen.
- Zufriedene Kunden sind Partner auch für künftige Geschäfte.
- Gute Verkäufer sichern den Markt von morgen durch Service-Leistungen für ihre Kunden. Bauen Sie das Image Ihrer Firma auf, und Sie profitieren davon.
- Reklamationserledigungen sind oft Wegbereiter für künftige Geschäfte und Freundschaften.

60 Die Zigeunerin verkaufte Knöpfe an der Tür

Am Samstagmorgen um 10 Uhr klingelte es. Ich mache die Tür auf, und vor mir steht eine Zigeunerin von etwa 25 Jahren mit 24 Hemdknöpfen in der Hand. Mit gesenktem Kopf murmelt sie folgendes: »Leider kann unser Zirkus nicht auftreten, deshalb sind wir gezwungen, Knöpfe zu verkaufen, die nur 95 Pfennig kosten.«

Na schön, dachte ich, nahm die Knöpfe in Empfang und zahlte eine Mark. Daraufhin fing die Frau wieder an zu murmeln, daß die 95 Pfennig nur für ein Dutzend Knöpfe seien, auf der Pappe befänden sich jedoch zwei Dutzend.

Ich fühlte mich betrogen, denn ich wollte die Knöpfe ja nur aus Gutmütigkeit nehmen und nach dieser Täuschung nicht weiterverhandeln. Die Knöpfe entsprachen außerdem nur einem Wert von 20 Pfennigen, so daß ich auf den Kauf verzichtete.

Was können wir daraus lernen?

- Überrumpeln Sie Ihre Kunden nicht.
- Der Mensch tut immer das, wovon er sich einen Vorteil verspricht. In diesem Falle wäre das Motiv in der sozialen Hilfestellung zu sehen. Der Verkauf scheiterte jedoch, weil die Zigeunerin ihn durch geschäftliche Motive forcieren wollte.
- Die Engländer sagen:
  »You can fool some of the people, some of the time, but not all the people, all the time.« (Sie können manche Leute manchmal bluffen, aber nicht alle Leute immer.)
- Ehrlichkeit und Aufrichtigkeit im Verkauf macht sich letzten Endes immer bezahlt.

61 Die Quelle meiner Information kann ich nicht verraten

Viele Menschen verlieren schnell an Glaubwürdigkeit, weil sie meinen, über alles und viel reden zu müssen. Oft versuchen sie den Menschen nur das zu sagen, was diese gern hören möchten. So zum Beispiel bei Äußerungen über die Konkurrenz des Kunden.

Nicht immer wird der Kunde Ihnen dafür dankbar sein, denn wenn er klug ist, muß er doch befürchten, daß Sie auch über ihn so sprechen könnten.

Diskretion und die Geheimhaltung von Informationen muß oberstes Gebot eines Verkäufers sein. Auch wenn Sie gefragt werden, haben Sie dann die Kraft, zu schweigen.

Als ich neulich bei einem sehr bekannten Unternehmensberater in Brüssel eingeladen war, lernte ich eine Formulierung kennen, die ich sehr gut finde:

»Bitte haben Sie Verständnis dafür, daß ich die Quelle meiner Information nicht verraten kann.« Selbstverständlich akzeptierte ich seinen Standpunkt, und wir konnten somit voller Vertrauen weiter verhandeln.

Was können wir daraus lernen?

- Verkäufer sehen und hören sehr viel Interessantes. Lernen Sie schweigen, und Sie werden bei Ihren Kunden Respekt gewinnen.
- Ein kluger Mann sagte einmal:
  »Man soll immer die Wahrheit sagen, aber man braucht nicht immer die Wahrheit zu sagen!«

- Denken Sie daran, daß man sich sehr schnell den Mund verbrennen und ein unlöschbares Feuer entzünden kann.
- Verwenden Sie im Notfall die Formulierung: »Bitte haben Sie Verständnis dafür, daß ich die Quelle meiner Information nicht nennen möchte.«
- Ein Geheimnis erzählt man niemanden.

62 Versicherungsvertreter sprechen das Herz an

Herr Pauls gehörte zu den besten Versicherungsvertretern seiner Branche. Seine Devise lautete: »Sprechen Sie das Herz an«.

Es sind nicht immer die Ratio-Argumente (Verstandes-Argumente), die eine Wirkung erzielen, denn die rationellen Argumente sprechen den Verstand und nicht die emotionellen Gefühle an.

Herr Pauls sagte beispielsweise zum Vater einer fünfjährigen Tochter: »Wenn Sie vielleicht eines Tages nicht mehr da sind und es ein heißer Tag ist, die Kinder an einem Eiscreme-Stand stehen und Eis essen, wer kauft dann Ihrer Susi ein Eis, wenn Sie Ihrer Familie keinen Pfennig hinterlassen!«

Was können wir daraus lernen?

- Unterscheiden Sie zwischen rationellen und gefühlsbetonten Argumenten.
- Es gibt Situationen, wo Sie an das Gefühl appellieren müssen. (Die Psychologen sprechen von 80 Prozent Gefühlsentscheidungen.)
- Frauen sind gefühlsbetonter als Männer.
- Malen Sie die künftige Situation so aus, daß sie in der Vorstellung des Kunden an Aktualität gewinnt.
- Analysieren Sie Anzeigen und suchen Sie Motive, die das Gefühl ansprechen.

63 Albert Hein – Filialsupermärkte verkaufen Bratenduft

Während meiner Tätigkeit als Verkaufstrainer wurde ich für vier Wochen nach Amstelvee, Holland, entsandt. Ich war daran interessiert, einmal in einem weißen Kittel die Probleme eines 1.200 qm-Supermarktes kennenzulernen. Es war für mich eine lehrreiche Zeit.

Die sehr große Fleischabteilung gehörte zu den Attraktionen dieses Marktes. Sie war ein Kundenmagnet.

Eines Morgens sagte der Filialleiter zu mir: »Heute machen wir Fleischbällchen. Bitte holen Sie Zwiebeln, zwei Salatköpfe, einige Tomaten usw.« Als ich zurückkam, war eine Pfanne mit Öl am Brutzeln, und es wurden fleißig Fleischbällchen gedreht. Das ganze spielte sich vor der Nase der Kunden ab. Ich garnierte mittlerweile die Platten. Nach kurzer Zeit erfüllte leckerer Bratenduft die Fleischabteilung. Schon bemerkte man, wie Kunden sich umdrehten und schnupperten. Große Hinweistafeln hinter der Verkaufstheke trugen Menü-Vorschläge.

Die Passanten griffen eifrig nach den dargebotenen Leckerbissen und kauften für die nächste Mahlzeit Gehacktes.

Der Umsatz stieg rapide in die Höhe.

Was können wir daraus lernen?

- Gute Geschäftsleute und Verkäufer sprechen die Sinnesorgane an.
- Verkaufen Sie auch den »Duft« Ihres Produktes.
- Verkaufsfördernde Maßnahmen müssen nicht immer viel Geld kosten. Erforderlich ist nur die gute Idee und die dazugehörige Mühe.

- Eine bekannte kosmetische Firma hat beispielsweise ihr Parfüm in die Druckfarbe mischen lassen. Diese duftende Anzeige erschien in einer Tageszeitung. Die Resonanz war besonders gut und manche Kunden eilten in die nächste Parfümerie.

64 Die Kunden wollen meistens das, was schon verkauft ist

Meine Immobilien-Firma hatte ich viele Jahre in einem Ferienort. Feriengäste kauften dort Grundstücke aus zweierlei Gründen: Einmal zu Spekulationszwecken und zum anderen, um ein Haus fürs Alter zu haben.

Nun gab es folgendes Problem: Die meisten wollten direkt am Wasser wohnen oder wenigstens einen schönen Seeblick haben. Obwohl sehr teuer, waren diese Grundstücke schnell verkauft. Um auch die anderen Grundstücke zu verkaufen, wandte ich folgende Methode an, die sehr erfolgreich war:

In der Stadt kam ich mit den Kunden ins Gespräch und fragte, ob sie mit mir zu einer Neubausiedlung fahren wollten. An Ort und Stelle studierten wir dann die Lage. Binnen kurzer Zeit waren die »See-Kunden« an diesem Grundstück interessiert und fragten, ob man es noch kaufen könne.

Nun meine Methode: Hätte ich ja gesagt, wäre das Interesse nicht mehr ganz so groß gewesen, deshalb sagte ich: »Nein, nicht dieses Grundstück, aber die beiden angrenzenden sind noch zu verkaufen.« Oft erhielt ich dann die Antwort: »Schade, gerade dieses hätte ich gern gehabt.« Hierauf erklärte ich, daß ein Kunde das Vorkaufsrecht bis 10 Uhr des nächsten Tages habe und machte folgenden Vorschlag: »Unterschreiben Sie ein vorläufiges Angebot. Falls der Interessent das Grundstück nicht kauft, können Sie es bekommen.« Der Betreffende unterschrieb dann gern, in der Hoffnung, daß der andere abspringt. Er erschien am nächsten Tag kurz nach 10 Uhr, und ich verkündete ihm: »Gratuliere, das Grundstück gehört Ihnen!« Wir freuten uns beide.

Sie sehen also, die Menschen kaufen mit Vorliebe das, was sie nicht gleich bekommen können.

Was können wir daraus lernen?

- Bedenken Sie immer, Kunden wollen oft grundsätzlich das, was nicht erhältlich ist.
- Lernen Sie daraus, daß Sie Ihre Ware rar machen müssen, um so ein größeres Interesse zu wecken.
- Sagen und zeigen Sie dem Kunden, daß Sie sich für ihn einsetzen.
- Nageln Sie den Kunden mündlich oder schriftlich fest.
- Gratulieren Sie dem Kunden zu seinem Erfolg.

65 Die Formulierung »Darf ich Sie beraten« kann den Kunden viel Geld kosten

Während meines Aufenthaltes in England wurde ich vor Jahren von einem befreundeten Ehepaar zum Abendessen eingeladen. Ich wollte diese freundliche Geste erwidern und lud meine Bekannten zu einem chinesischen Essen im Picadilly ein. Der freundliche Ober reichte mir die Speisekarte und ließ sie mich durchschauen. Leider hatte ich wenig Ahnung und blickte wohl ziemlich verwirrt. Der Ober bemerkte es, trat mir zur Seite und fragte mit einem Augenzwinkern: »Darf ich Sie beraten?«

Natürlich sah ich in ihm den Retter in der Not. Schnell sagte er: »Ich stelle Ihnen etwas zusammen.« Die Idee fanden wir alle sehr verlockend.

Es war ein herrliches Mahl und ein sehr netter Abend. Die große Ernüchterung kam jedoch, als der Ober mir unter der Serviette die Rechnung präsentierte. Der Betrag war sechsmal so hoch wie ich ursprünglich gerechnet hatte.

Zum Glück fuhren meine Bekannten mich nach Hause, denn ich hätte mir nicht einmal mehr ein Taxi leisten können.

Seitdem lasse ich mich nicht mehr von freundlichen Kellnern beraten!

Was können wir daraus lernen?

- Viele Kunden wollen nicht »verkauft«, sondern beraten werden.
- Kunden schätzen eine ehrliche Beratung.
- Gutberatene Kunden kaufen eher wieder.

66 Wer entscheidet wirklich den Einkauf?

Eine bekannte Firma, die in Deutschland Papier herstellt, führte ein neues Industrie-Putztuch für Werkmeister ein. Ein Muster dieses Tuches wurde auf nationaler Ebene per Post an die Einkaufsabteilungen der wichtigsten Firmen versandt. Der beiliegende Prospekt war sehr attraktiv in seiner Aufmachung und zeigte neben den Verwendungsmöglichkeiten auch die Produktvorteile. Eine Rückantwortkarte war beigefügt. Der Erfolg dieser großangelegten Werbung war jedoch sehr gering. Man überlegte sich, warum und kam zu dem Schluß, daß evtl. die falschen Mitarbeiter im Unternehmen die Sendung erhalten hatten. Also stellte man sich die Frage, wer für das Putztuch in Betracht käme. In diesem Fall war es der Monteur oder Mechaniker, der mit dem Problem der schmutzigen Hände konfrontiert wurde. Demnach wird er auch am meisten an einem derartigen Putztuch interessiert sein. Der Verkauf stieg dann auch rapide, nachdem man eine zweite Mustersendung an die eigentlichen Verwender schickte. Diese Endverbraucher empfahlen das Produkt und sorgten dafür, daß eine Bestellung an die Einkaufsabteilung weitergeleitet wurde. Aus der Sicht des Verkäufers waren die Menschen im Betrieb die entscheidenden Einkaufsbeeinflusser.

In der Werbung spricht man immer von der richtigen Zielgruppe. Zielen Sie als Verkäufer also auch richtig. Sie sparen so Zeit und Geld und kommen schneller zum Erfolg.

Was können wir daraus lernen?

- Ein Einkäufer muß versuchen, die wirklichen Verwender soweit wie möglich zu beeinflussen.
- Nehmen Sie in diesen Fällen die vorhandenen Hürden des Einkaufs und sprechen Sie den »richtigen« Mann an.
- Kontaktieren Sie den richtigen Mann, der seine Einkaufsempfehlungen von unten nach oben weitergibt.
- Musterware sollte immer den richtigen Mann erreichen.
- Der logische ist nicht immer der richtige Weg.
- Erstellen Sie eine Liste der Einkaufsbeeinflusser für Ihre Artikel.
- Der Lagermeister oder die Dame am Regal haben mitunter mehr Beeinflussungskraft als man annimmt.

67 Finden Sie heraus, wer die Hosen anhat!

Sie kennen doch die nette Geschichte? Der Ehemann hat furchtbare Angst vor seiner Frau. Eines Tages jagt sie ihn, mit dem Pantoffel in der Hand, durchs Haus. Voller Verzweiflung kriecht er unter sein Bett. Sie sagt ganz energisch: »Komm hervor, Fritz, sonst werde ich noch böse!« Worauf er antwortet: »Nein, ich komme nicht, ich zeige Dir, wer der Herr im Hause ist!«

Die Frauen spielen in unserer Gesellschaft eine immer größere Rolle. Sie verwalten heute schon 90 Prozent des Kapitals, und ein hoher Prozentsatz aller Einkäufe wird durch Frauen getätigt.

Ferner sagt man, daß hinter einem erfolgreichen Mann stets eine Frau steht. Viele Direktoren zeigen ihren Frauen die Werbevorschläge und die beabsichtigten Kampagnen und lassen sich von ihrer »besseren Hälfte« beraten. Die Frauen sind die Hauptbeeinflusser ihrer Männer.

Dieser Tatsache müssen wir bedeutend mehr Aufmerksamkeit schenken. Schon oft habe ich es erlebt, daß Männer in einem »Tante-Emma-Geschäft« eine Bestellung aufgaben, die dann von den Frauen annulliert wurde.

Gute Verkäufer erkennen den neuen Trend!

Was können wir daraus lernen?

- Der moderne Verkäufer wird die steigende Bedeutung der Frau bei der Entscheidung von Käufen berücksichtigen.
- In vielen Fällen können Sie die Frauen um Rat fragen bzw. in das Gespräch mit einbeziehen.

- In der Versicherungs- und Immobilien-Branche hat man die Wichtigkeit dieser Tatsache schon längst erkannt; Ehepaaren werden Verkaufsobjekte gezeigt.
- Lassen Sie sich in stärkerem Maße bei wichtigen Fragen von Ihrer Frau beraten.
- Frauen lassen sich eher von gefühlsbetonten Argumenten beeinflussen.
- Frauen fassen viele Argumente persönlich auf.

68 Diesen Artikel brauchen Sie nicht

Ich habe mich oft mit Geschäftsinhabern unterhalten und machte dabei die Feststellung, daß sie ungern überfordert werden. Industriefirmen wollen oft große Mengen in den Handel hineinpumpen. Meistens bedeutet das für den Kunden eine hohe Bindung an Kapitalreserven und überfüllte Läger. Die langsam zu verkaufende Ware wird schnell ein Dorn im Auge des Kunden. Bei einem Vier-Wochen-Durchgang möchte der Kunde nach seinem eigenen und tatsächlichen Bedarf disponieren.

Verkaufen Sie deshalb kundenorientiert, und Sie werden Ihre Kunden als Partner binden – auch in Zukunft!

Eine gute Taktik ist der »Negativverkauf«. Es gibt immer Artikel in einer Verkaufspalette, die nicht im Firmeninteresse verkauft werden sollen. Unter diesen Umständen können Sie dem Kunden ruhig sagen: »Davon würde ich keine Menge nehmen«.

Diese Methode versetzt den Kunden oft in Verwunderung, weil er den Hochdruckverkäufer gewohnt ist.

Es gibt weiterhin Saison-Artikel, bei denen Sie auch mit dieser Methodik arbeiten können. Sagen Sie: »Davon würde ich nichts kaufen, der Artikel geht im Sommer nicht so gut«.

Sie gewinnen durch diese Methode an Glaubwürdigkeit und werden bei den für Sie wichtigen Artikeln zum Erfolg kommen.

Was können wir daraus lernen?

- Versuchen Sie nicht, alle Artikel im Sortiment zu loben, sondern raten Sie dem Kunden in manchen Fällen ruhig von einem Kauf ab. Er wird es schätzen.

- Hochdruckverkäufer verlieren beim Kunden schnell an Glaubwürdigkeit.
- Überraschen Sie Ihre Kunden durch ehrliche Beratung. Somit differenzieren Sie sich in vielen Fällen von Ihren Kollegen.
- Die Wahrheit verkaufen, wird immer eine gute Basis für den Erfolg sein.
- Verkaufen Sie erst Vertrauen, und dann die Ware.

69 Was ich von einem Meisterfotografen lernte

Herr Pictor Aarons gehört zu den weltbesten Fotografen. Ich leitete vor vielen Jahren für ihn in Frankfurt am Main sein Deutschlandbüro. Er war früher Maler, aber da ihm die Arbeit nicht schnell genug ging, »malte er nun lieber mit der Kamera«. Wenige Fotografen haben so viele Titelbilder für Zeitschriften, Illustrierte und Werbemotive geliefert wie er. Seine ganz besondere Stärke liegt in Kinderbildern. Viel Zeit verbringt er im Freien, schaut neugierig in die Kinderwagen hinein und findet so ständig neue Motive.

In den Weltstädten baute er ein Verkaufsnetz auf, um den Absatz seiner Bilder zu sichern, die er auf Leihbasis vermietete. Er war sich der Qualität seiner Bilder wohl bewußt und verlangte verschiedene Preise für die Veröffentlichungsrechte; je nach Verwendungszweck und Auflage. Seine Strategie war, den Kunden die Bilder erst zu geringen Preisen anzubieten und, sobald sie von der Qualität überzeugt waren, die Preise zu erhöhen. Er blieb dann, trotz Protest der Kunden, in seinen Forderungen sehr hart, denn letzten Endes verkaufte er die Bilder doch.

Nicht umsonst sagt man: Qualität ist seinen Preis wert!

Was können wir daraus lernen?

- Qualitätsprodukte müssen durch Erprobung überzeugen.
- Machen Sie die Ersteinkäufe dem Kunden leicht, so daß er sich an Dienstleistung und Ware gewöhnt.
- Qualitätsprodukte müssen mit viel Selbstvertrauen verkauft werden.

- Bleiben Sie hart in Ihren Forderungen, und Sie gewinnen beim Kunden Respekt.
- Auch Qualität verkauft sich nicht von selbst.

70 Großangebote verzaubern den Kunden

Dieter Wagner, ein Reisebevollmächtigter einer bekannten kosmetischen Firma, ist ein großer Könner in der Verhandlungskunst. Er weiß z. B. aus Erfahrung, daß sich Kunden meistens für eine geringe Menge entscheiden. Deshalb bietet er viel größere Mengen an. Während ich mit ihm reiste, passierte folgende Geschichte:

Er nahm die Karte des nächsten Kunden in die Hand und sagte, dahin fahren wir während der Mittagszeit. Nach einigem Suchen fanden wir auch den Einkäufer und seine Assistentin. »Wieviel Beschäftigte haben Sie hier im Amt, Herr Meier?« Dieser antwortete prompt: »Etwa 1500 Leute.« Daraufhin sagte Herr Wagner: »Nun, das wären 1500 Tuben Zahnpasta in zwei Monaten – doch sagen wir, 1000 Tuben als reduzierte Menge. Herr Meier, glauben Sie, daß Sie mit dieser Menge auskommen werden?« Erschrocken antwortete dieser: »Oh, soviel Zahncreme werde ich nicht verkaufen können!« Herr Wagner fragte schnell: »Aber doch sicher die Hälfte, nicht wahr, Herr Meier?« Zustimmend nickte der Einkäufer und unterschrieb den Auftrag.

Bei früheren Besuchen hatte der Einkäufer im Durchschnitt nur 250 Tuben genommen.

Was können wir daraus lernen?

- Erfolgreiche Verkäufer zielen in ihren Auftragserwartungen hoch und gewinnen.

- Einkäufer entscheiden sich meistens für die geringere Angebotsmenge.
- Stellen Sie immer eine hohe Auftragszahl in den Raum; die Kunden reduzieren die Menge ohnehin.
- Es ist eine alte Verkäuferweisheit, daß die meisten Verkäufer zu wenig anbieten.
- Kunden erwarten von Ihnen als Berater eine gewisse Zahlenvorstellung.

71 Überreichen Sie ein Sparschwein – und Sie haben Schwein

Herr Bauer, ein Einzelhandelsreisender, verriet im Seminar das Geheimnis seines Erfolges. Er sagte: »Überraschen Sie Ihre Kunden mit kleinen Geschenken. Sie werden immer gern gesehen sein und in guter Erinnerung bleiben.«

Eines Tages kam er auf die Idee, seinen wichtigsten Kunden kleine Sparschweine zu schenken. Er betrat das Geschäft mit einem solchen und stellte es auf die Theke. Während der Unterhaltung schaute der Kunde öfter interessiert zum Schweinchen hinüber.

Herr Bauer erhielt dann meistens einen größeren Auftrag, weil der Kunde von der Aussicht, das Sparschwein als Geschenk zu erhalten, sehr angetan war.

Was können wir daraus lernen?

- Wecken Sie immer Neugierde.
- Versuchen Sie, den eintönigen Tag Ihres Verhandlungspartners mit etwas Neuem aufzulockern.
- Kleine Geschenke und Aufmerksamkeiten erhalten die Freundschaft.

72 Kennen Sie den Kühlschranktest?

Einen Kühlschrank kauft man nicht jeden Tag. Viele Kunden fassen den endgültigen Kaufentschluß erst im Geschäft. Sie wollen eigentlich dort überzeugt werden und suchen Gründe für eine Kaufberechtigung, die der Verkäufer ihnen liefern soll.

Nachdem ein Verkäufer sein Verkaufsgespräch abgehandelt hat, kommt es vor, daß die Kunden stehen und überlegen, ohne sich zu äußern. Es ist für den Verkäufer wichtig, zu wissen, ob die Kunden schon eine Kaufbereitschaft zeigen oder nicht. Wenn er zu früh versucht, zum Abschluß zu kommen, kann er den Kunden leicht verlieren, denn niemand möchte sich etwas aufschwatzen lassen. Er muß daher spüren, inwieweit der Wunsch vorhanden ist, den angebotenen Artikel zu besitzen. Der gute Kühlschrank-Verkäufer wird z. B. einmal die Kühlschranktür zuknallen und dabei die Mimik des Kunden beobachten. Wenn der Kunde zusammenzuckt, kann er vermuten, daß dieser den Kühlschrank im Geiste schon bei sich zu Hause stehen sieht. Mit anderen Worten, es ist dem Kunden unangenehm, daß Sie »seinen« Kühlschrank so mißhandeln. Wenn der Kunde sich nicht durch die Körpersprache äußert, dann weiß der Verkäufer, daß er nunmehr die Vorteile dieses Besitzes noch stärker in den Vordergrund schieben muß, bevor er zum Abschluß drängt.

Was können wir daraus lernen?

- Bei jedem Käufer gibt es besondere Kaufsignale, die ein guter Verkäufer sieht oder spürt.
- Der stille Kunde trennt sich ungern von seinem Geld; er überlegt genau, ob ihm der Artikel wirklich Vorteile bietet.

- Studieren Sie für Ihre Branche die Kaufsignale, die die Kaufbereitschaft andeuten.
- Lernen Sie die Bedeutung der Körpersprache im Verkauf. Entsprechende Literatur finden Sie heute auf dem Markt.
- Erfolgreiche Verkäufer beherrschen die Kunst, den Auftrag zum richtigen Zeitpunkt unterschreiben zu lassen.

73 Lassen Sie sich nicht von Spezialisten einschüchtern

Der Verkaufsleiter einer Nahrungsmittel-Gesellschaft erzählte mir folgendes über seine Erfahrungen mit Großverbrauchern und -abnehmern:

Seine Firma betreibt vorwiegend den Verkauf von Pulverkaffee in Großgebinden und Großpackungen. Zu seinen Kunden zählen Filialen, Ketten, Kantinen und sonstige Großverbraucher. Bei den Verhandlungen kommt es immer wieder vor, daß die Einkäufer die Qualität der Ware bemängeln. In diesen Fällen sagt er: »Gut, dann werden wir für Sie (beispielsweise) eine spezielle Pulverkaffee-Mischung herstellen. Es wird allerdings einige Wochen dauern, bis wir das haben, was Sie wünschen«.

Bei der späteren Geschmacksprobe macht er dann immer wieder die Erfahrung, daß die Einkäufer behaupten, jetzt eine bessere Qualität zu bekommen als vorher. Tatsache ist jedoch, daß überhaupt keine Änderung der Rezeptur vorgenommen wurde. Die »Experten« jedoch waren von der besseren Qualität überzeugt.

Lassen Sie sich also nicht von »Spezialisten« einschüchtern!

Was können wir daraus lernen?

- Einkäufer wollen natürlich das höchstmögliche in bezug auf günstige Preise, Qualität, Lieferbedingungen etc. für ihre Firma herausholen.
- Lassen Sie sich nicht entmutigen, wenn der Kunde anfangs mit Ihrer Ware nicht einverstanden ist.
- Einkäufer schätzen es, als Experten zu gelten. Bestätigen Sie ihnen, daß sie es sind.

- Über Geschmack läßt sich streiten. Ein Humorist hat einmal gesagt: Es gibt drei Wahrheiten – seine, deine und die Wahrheit.
- Seien Sie von der Qualität Ihrer Ware überzeugt, und wenn notwendig, liefern Sie sie im neuen Kleid.

74 Die Sprache des Körpers sagt mehr als Sie denken

Professor Birdwistel, ein amerikanischer Forscher, hat eine Studie über Mimik und Gestik erarbeitet. Er behauptet, daß man sehr viel durch Mimik und Gestik über einen Menschen erfahren kann.

Hier nun einige Beispiele: Schon am Zigarettenraucher kann man vieles erkennen. Der Pedant raucht seine Zigarette bis zum Ende und drückt den Stummel mit höchster Konzentration im Aschenbecher aus. Der Fahrige raucht seine Zigarette nur zum Teil und wird sie auch größtenteils weiterqualmen lassen.

Der Kunde, der seine Hand zum Kinn nimmt und nachdenklich schaut, ist am überlegen, ob er kaufen soll oder nicht.

Ein Mensch, der sich an die Nase faßt, zeigt Mißtrauen.

Ein Mensch, der sich die Hosen hochzieht, hat meistens einen Entschluß gefaßt.

Und so gibt es viele Dinge, die man im täglichen Leben beobachten kann und die uns gute Hilfen sein können.

Was können wir daraus lernen?

- Es ist wichtig, den Kunden genau zu beobachten, ob er Ihr Angebot im Geiste schon akzeptiert hat.
- Beobachten Sie die Reaktion der Augen – sie sagen viel aus.
- Studieren Sie durch Beobachtungen die Körpersprache.
- Analysieren Sie vor dem Spiegel Ihre Gesichtsmimik.

75 Der Kunde, der nicht zahlte

Während meiner Studienzeit arbeitete ich in den Semesterferien in einer Mühle. Die dort ansässigen Bauern zahlten ungern, so daß es eine Kunst war, ausstehende Gelder einzutreiben.

Mein Chef wandte gezwungenermaßen folgende Methode an:

Beim Besuch des Kunden fragte er, ob er wohl eine Tasse Kaffee bringen solle. Meistens erhielt er eine bejahende Antwort. Man ging dann gemeinsam zum Büro. Während des Kaffeetrinkens sagte mein Chef: »Es tut mir sehr leid, daß Sie Rheuma in Ihrer rechten Hand haben.« Erstaunt antwortete der Kunde: »Wieso, ich habe doch kein Rheuma.«

»Wirklich nicht«, sagte mein Chef, »dann können Sie sicher heute einen Scheck ausschreiben, um diese kleine Rechnung zu begleichen«.

Mit einem Schmunzeln haben die Kunden ihr Konto dann meistens ausgeglichen.

Was können wir daraus lernen?

- Um Ihre Ziele zu erreichen, müssen Sie für den Kunden erst einmal eine angenehme Atmosphäre schaffen.
- Der Kunde muß sich entspannen, und so erreichen Sie, daß er zuhört.
- Verwenden Sie eine überraschende Aussage oder machen Sie eine nicht alltägliche Behauptung.
- Verwenden Sie die magische Wirkung des Humors.

76 So verkauft man Damenschuhe

Eine nicht gerade schlanke Dame betrat das Schuhgeschäft.

»Ich möchte gern Schuhe anprobieren« sagte sie. »Selbstverständlich, bitte nehmen Sie Platz!«

Mehrere Paare wurden vergeblich anprobiert, weil der linke Schuh immer zu klein war. Etwas ungeduldig sagte die Verkäuferin: »Es tut mir leid, aber Ihr linker Fuß ist dicker als der rechte«.

Daraufhin verließ die Dame das Geschäft.

(Quelle unbekannt)

Was können wir daraus lernen?

- Die Formulierung »Ihr rechter Fuß ist schmaler als der linke«, hätte bestimmt zum Verkauf geführt.
- Achten Sie stets genau auf Ihre Verkaufsformulierung und überprüfen Sie den »Taktgehalt«.
- Man soll immer die Wahrheit sagen, aber man braucht nicht immer die Wahrheit zu sagen!
- Bedenken Sie immer, viele Frauen nehmen Aussagen rein persönlich und akzeptieren nicht gern Tatsachen.

77 Es kommt immer darauf an, wie man es sagt

Verkaufstechniken, Prinzipien und Methoden sind in vielen Branchen transponierbar. Deshalb sollte der Verkäufer stets ein offenes Ohr für gute Formulierungen haben.

Sicher haben Sie es beispielsweise an Tankstellen schon erlebt, wie unterschiedlich Sie angesprochen wurden.

- Wollen Sie tanken?
  – Es bleibt dem Kunden überlassen, wie er antwortet.
- Darf ich vollmachen?
  - Eine Frage an den Kunden, die nur mit ja oder nein beantwortet werden kann.
- Haben Sie genug Öl?
  - Der Kunde kann entweder »ja« sagen oder »ich weiß es nicht«. In letzterem Fall hat der Tankwart die Berechtigung, nachzusehen.
- Stimmt Ihr Ölstand?
  - Eine direkte Frage an den Kunden, die die Antwort vorweg nimmt. Der Kunde weiß es nicht und wird unsicher. Der Tankwart schaut daraufhin nach.
- Ihr Wagen hat viele Roststellen.

- Eine Suggestivformulierung. Besser als die Frage: »Brauchen Sie ein Rostschutzmittel?«

Was können wir daraus lernen?

- Formulieren Sie Ihre Fragen geschickt, gezielt und unauffällig.
- Verwenden Sie die geschlossene Frage, die eine positive Antwort voraussetzt.

- Notieren Sie gute Formulierungen aus anderen Branchen und untersuchen Sie ihre Verwendbarkeit.
- Wer Fragen stellt, führt das Gespräch, lenkt und leitet den Gesprächspartner.
- Für kurze Formulierungen ist die Alternativformulierung äußerst nützlich.

78 Geheimnisse eines Demonstrators

Werner Pass ist der reisende Koch einer bekannten Feinkostfirma, bekannt in Stadt und Land durch Fernsehspots, die er für Pasteten machte.

Ferner ist er auch bei den wichtigsten Messen zu sehen, beispielsweise bei der »ANUGA« in Köln, der »Saar-Messe« oder der »Grünen Woche« in Berlin.

Herr Pass ist ein ausgezeichneter Verkäufer, der es versteht, den Kunden und Besuchern etwas zu verkaufen. Es interessierte mich brennend, zu beobachten, wie er es macht. Bald fand ich sein Geheimnis heraus:

Er hatte appetitliche und wohlschmeckende Häppchen bereitet, die mit etwas Grün garniert waren. Besuchern präsentierte er mit einer einladenden Handbewegung diese Leckerbissen, und mit hochgezogener Augenbraue sagte er: »Lecker, nicht wahr?« Viele Menschen stoppten und mußten zugeben, daß das, was er sagte, stimmte. Er nahm darauf die Platte hoch mit der Aufforderung: »Bitte, bedienen Sie sich!« In kurzer Zeit waren mehrere am Kauen. Sofort griff er mit der rechten Hand zur Ware und überreichte diese seinen Kunden. Mit der linken Hand nahm er eine Tragetasche und fragte dabei: »Möchten Sie zwei oder drei Dosen?« Die Kunden kauften. Der Vorgang wiederholte sich stets mit gutem Erfolg.

Würde er fragen: »Möchten Sie probieren?«, dann dächten viele Kunden, ich bin doch nicht dumm, dann muß ich kaufen! Die allgemeine Frage »lecker?« dagegen verpflichtet nicht. Der Kunde denkt, lecker ist es schon, aber seine Bejahung verpflichtet ihn nicht, die Ware zu kaufen.

Ganz ehrlich, wie oft haben Sie Ware gekauft, die Sie ursprünglich nicht besitzen wollten?

Was können wir daraus lernen?

- Erfolgreiches Verkaufen heißt Techniken anwenden.
- Die richtige Methode zeigt sich erst nach mehrmaligen Versuchen.
- Versuchen Sie immer, die Kunden in Ja-Stimmung zu bekommen.
- Stellen Sie Fragen, und fordern Sie den Kunden zum Handeln auf.
- Lassen Sie den Kunden die Ware sehen, anfassen bzw. schmekken.
- Verwenden Sie beim Abschluß Alternativformulierungen.
- Geben Sie dem Kunden nach dem Kauf immer das Gefühl, daß er gut gekauft hat.
- Geben Sie ihm außerdem Verwendungsratschläge.

79 Visualisieren Sie Ihre Rabatte und Vergünstigungen

Limitierte Rabatte, Konditionen und Vergünstigungen, die dem Verkäufer zur Verfügung stehen, sind meistens sein schwacher Punkt. Der Kunde aber wird immer versuchen, das Gespräch darauf zu bringen.

Wenn Sie Erfolg haben wollen, müssen Sie zuerst das Produkt verkaufen. Auf die Frage: »Wieviel Rabatt geben Sie?«, antworten Sie: »Eine ganze Menge« oder ähnliches in humorvoller Weise. Danach leiten Sie auf das eigentliche Verkaufsgespräch über.

Es ist vor allem wichtig, Ihre Rabatte zu visualisieren. Sagen Sie nicht, fünf oder zehn Prozent Rabatt, sondern fragen Sie, welche Auftragshöhe in Frage kommt, wenn der Kunde kauft, so daß Sie dadurch eine Basis schaffen. Wenn Sie den Betrag errechnet haben, dann visualisieren Sie.

Hier ein Beispiel: »Die Rabatte für diesen Auftrag entsprechen einem Kleid für Ihre Frau oder fünf Flaschen Sekt, die Sie abends mit Ihren Freunden trinken können«.

Sie werden größere Erfolge durch den besseren und richtigen Einsatz der Rabatte erzielen.

Was können wir daraus lernen?

- Verkaufen Sie zuerst die Vorzüge Ihres Produktes und erst dann die Rabatte.
- Die Rabatte sollten am Ende des Gespräches, vor Abschluß des Auftrages, eingesetzt werden.
- Geben Sie dem Kunden immer das Gefühl, daß er das äußerste an Rabatten von Ihnen erhalten hat.

- Erwarten Sie für die Rabatte stets eine Gegenleistung.
- Seien Sie bezüglich der Rabatte ebenso hart wie der Kunde.
- Denken Sie im Sinne der Firma, um damit auch Ihre eigene Existenz zu sichern.

80 So ermittelt man, ob der Kunde abschlußreif ist

Sicherlich haben Sie schon von der »Optiker-Brillenverkaufsmethode« gehört.

Der Kunde fragt den Optiker, wie teuer die Brille ist. Gelassen sagt dieser: »Sie kostet DM 60,–« und beobachtet dabei den Kunden. Wenn er nicht mit der Wimper zuckt, fügt er schnell hinzu: »Die Gläser, und DM 40,– das Gestell.« Akzeptiert der Kunde auch diesen Preis, sagt er mit der gleichen Gelassenheit: »Und das Etui kostet DM 15,–. Zusammen also DM 115,–.«

(Quelle unbekannt)

Was können wir daraus lernen?

- Vermeiden Sie einen Preisschock, indem Sie den Preis für das Angebot detaillieren.
- Beobachten Sie Mimik und Gestik Ihrer Kunden, um die Kaufbereitschaft zu erforschen.
- Nennen Sie im Gespräch den Preis nicht zu früh, damit erst einmal der Wunsch des Besitzens geweckt wird.

81 Durch den Hund hinter der Theke verlor ich den Auftrag

Verkäufer haben schon oft durch unvorhergesehene Dinge zu guter Letzt Aufträge verloren. Das plötzliche Klingeln eines Telefons, eine unerwartete Unterbrechung durch die Bemerkung eines Verbrauchers und so manches mehr.

Deshalb ist es wichtig, schnell zu verhandeln, um die Unterschrift unter den Auftrag zu bekommen.

Ich hatte schon fast die Bestellung eines Apothekers erhalten, da trat ich aus Versehen auf den Schwanz seines Hundes, der hinter der Theke saß. Er sprang auf, bellte und verursachte großes Aufsehen im Geschäft. In der Aufregung verlor ich den Auftrag, denn der Kunde sagte: »Sie kommen ja sowieso bald wieder vorbei, dann können wir mal sehen.«

Bestimmt hätte ich sonst den Auftrag erhalten.

Was können wir daraus lernen?

- Sobald Sie die Aufmerksamkeit des Kunden haben, versuchen Sie schnell und sicher zum Abschluß zu kommen.
- Gerade in der heutigen Zeit gibt es sehr viele Unterbrechungen (Telefon, Kunden usw.), die die Zeit und Aufmerksamkeit des Kunden kosten, und es ist schwer, noch einmal neu beginnen zu müssen.
- Unvorhergesehene Pannen lassen sich oft durch eine humorvolle Bemerkung überwinden.
- Rechnen Sie mit allgemeinen Pannen und analysieren Sie neue Möglichkeiten und Lösungen.
- Schlagfertigkeit ist die Geheimwaffe des Verkäufers.

82 Das abgeschnittene Preisetikett

Die Aufgabe eines Verkäufers liegt darin, dem Kunden zu helfen, eine Kaufentscheidung zu treffen. Deshalb muß er für seine Branche und Produkte die besten Abschlußtechniken und Kunstgriffe beherrschen, sammeln und ausbauen.

Es war ein Samstag, und ich hatte nichts Besonderes an diesem Tag zu tun. Also machte ich einen Bummel, wobei ich mich entschloß (in erster Linie zum Zeitvertreib) ein Herrenausstatter-Geschäft aufzusuchen. Dort probierte ich mehrere Anzüge an und fand schließlich Gefallen an zwei Modellen. Der Verkäufer merkte, daß ich mich nicht entschließen konnte und operierte mit folgender Abschlußtechnik:

Er hielt das Preisschild in der linken und eine Schere in der rechten Hand, schaute mich freundlich an und sagte: »Darf ich?« Es blieb mir gar nichts anderes übrig als ja zu sagen.

Er hatte mir geholfen, eine Entscheidung zu treffen und aus der schwierigen Situation »wer die Wahl hat, hat die Qual« herauszukommen.

Nach dem Bezahlen ging ich als stolzer Besitzer eines neuen Anzuges nach Hause. Ich war zufrieden und der Verkäufer auch.

Was können wir daraus lernen?

- Viele Verbraucher wissen nicht genau, was sie kaufen wollen.
- Gute Verkäufer helfen dem Kunden, eine Entscheidung zu treffen.
- Beobachten Sie immer die Signale der Kaufbereitschaft und kommen Sie schnell zum Abschluß.

- Viele Verkäufer könnten ihre Umsätze wesentlich verbessern, wenn sie ihre Abschlußtechniken vervollkommnen würden.
- Verhandeln Sie immer so, als ob gar kein Zweifel bestünde, daß der Kunde kaufen wird.

83 Platz im Regal gewinnen

Herr Ahrens packte eine Menge Regalschienen ein, bevor wir zum Kunden fuhren. Ich dachte mir, ob er sie wohl alle benötigt?

Wir fuhren los und besuchten die ersten Kunden. Die üblichen Einwände, wie

- ich brauche heute gar nichts
- habe keine Zeit
- kommen Sie später wieder
- ich habe genug Ware da

konnten Herrn Ahrens, den jungen Verkäufer, nicht beirren. Mit zaghafter Stimme und einem Regalstreifen in der Hand sagte er zu seinem Kunden: »Darf ich heute nur diesen Streifen an Ihrem Regal anbringen? Er wird Ihnen helfen, mehr Ware zu verkaufen und eine bessere Übersicht des Abverkaufs schaffen.«

In den meisten Fällen denkt der Einzelhändler wohl, meinetwegen, wenn er nur das beabsichtigt, dann soll er es tun.

Der junge Mann in seiner etwas schüchternen Art ging zum Regal und brachte dort den Streifen an. Er hatte damit Gelegenheit, die Packungen der eigenen Firma in eine günstige Position zu bringen. Durch das ordentliche Einräumen der Ware wurde meistens zusätzlicher Platz gewonnen, und so entstand eine Lücke für neue Ware.

Ganz automatisch kamen viele Geschäftsinhaber aus Neugierde zum Regal und bemerkten dann, daß doch Ware fehlte.

In anderen Fällen gewann Herr Ahrens die Aufmerksamkeit durch die Frage: »Darf ich das Schild so lassen?«

Das Gespräch am Regal ist immer sehr wichtig. Die neu geschaffenen Bedarfslücken wurden mit Ware aus dem Wagen gefüllt, so daß am Ende des Tages eine beachtliche Summe von kleinen Aufträgen zustande gekommen war. Die Ware landete nicht – wie oft üblich – in den Kellern, sondern am Verkaufsort. Die Technik der kleinen Schritte bringt den sicheren Erfolg und zufriedene Kunden.

Was können wir daraus lernen?

- Eine erprobte Erfolgstechnik systematisch angewandt, bringt Erfolge.
- Einwände können oft durch »Service-Leistungen« entkräftet werden.
- Die Ist-Situation kann man am besten am Regal ermitteln.
- Der Kunde konzentriert sich auf das besprochene Produkt besser am Ort des Verkaufs als im Büro.
- Durch Merchandising-Arbeit ermittelt man Bedarfslücken und kann ferner Ware für den besseren Abverkauf plazieren.
- Eine konstruktive Arbeit im Geschäft weckt Neugierde und Interesse.
- Denken Sie aus der Sicht des Kunden, und Sie werden gewinnen!

  Mit Würmern fängt man Fische, mit Speck Mäuse und durch Dienstleistungen, Ideen und Geschenke – Kunden!

84 Ein Drogist fesselt Kunden durch Sonderangebote

Ohne Aussicht auf einen größeren Auftrag betrat ich in der Altstadt von Mainz eine Drogerie. Links und rechts vom Eingang bemerkte ich zwei große Körbe mit Sonderangeboten. Ich äußerte meine Verwunderung, daß hier dem Passanten soviel Vertrauen entgegengebracht wurde, denn die frei herausgestellte Ware konnte einen Vorbeigehenden direkt zum Diebstahl herausfordern. Deshalb warnte ich, daß er durch seine Sonderangebote doch viel Ware verlieren könnte. Er schüttelte den Kopf und sagte: »Sie glauben nicht, welches Lockmittel diese Sonderangebote für die Kunden sind.«

Interessiert hörte ich zu, als er weiter erzählte: »Viele Kunden kommen auf Grund dieser Sonderangebote ins Geschäft und kaufen dann weitere Ware!«

Er kaufte 200 Dosen Haarspray von mir. Aus Neugierde plazierte ich schnell einige Dosen in seinen Körben. Kurz darauf kam schon eine Kundin mit einer Dose in der Hand herein und kaufte noch einige andere Artikel dazu. Der Drogist zwinkerte mir zu und sagte nachher: »Sehen Sie, wie es funktioniert!« Ich erwiderte: »Ja, das mag sein, aber Sie verlieren durch Diebstahl doch Gewinn.« Er aber meinte, daß die Menschen doch ehrlicher sind als wir glauben!

Was können wir daraus lernen?

- Kunden sind immer auf der Suche nach Sonderangeboten.
- Sonderangebote, geschickt herausgestellt, sind gute Lockmittel, um die Kundenfrequenz eines Geschäftes zu erhöhen.
- Gute Geschäftsleute bringen den Kunden Vertrauen entgegen und mehren letzten Endes dadurch ihren Umsatz.

- Augen auf für Kunden-Erfolgsideen als Wegbereiter zum Eröffnungsgespräch!
- Erlebnisse mit den Kunden liefern »Gesprächsstoff« für spätere Verhandlungen.

85 Was ich von einem amerikanischen Prediger lernte

Damals wohnte ich in Mannheim und begegnete eines Tages einem jungen Amerikaner, der sich zu zwei Monaten Prediger-Arbeit bei einer Sekte verpflichtet hatte.

Ich lud diesen lebensbejahenden Mann zu einem Drink ein, weil ich mich sehr für die Meinungen anderer Menschen interessiere. Also bat ich ihn, mir doch Einzelheiten über seine Bewegung zu erzählen.

Wir hatten uns schon zehn Minuten in Englisch unterhalten, als er mich plötzlich fragte, ob er seine Ausführungen nicht in Deutsch machen könne, da es ihm dann leichter fiele.

Ich muß gestehen, daß ich sehr verblüfft war, denn ich hatte angenommen, daß er die Thesen seiner Religion besser in seiner Heimatsprache erläutern könnte (mir macht es keine Schwierigkeiten, mich in Englisch zu unterhalten, weil ich über dreißig Jahre in einem englisch-sprechenden Land gelebt habe). Doch dieser Amerikaner konnte erst jetzt mit viel Schwung und Dynamik erzählen.

Es war für mich eine sehr interessante und lehrreiche Unterhaltung.

Was können wir daraus lernen?

- Bedingt durch die Macht der Gewohnheit und durch ständige Wiederholung von Tatsachen in einer Sprache, können die Ausführungen sehr leicht zur Routine werden.
- Lernen Sie Ihre Verkaufsgespräche niemals auswendig, sondern passen Sie das Gespräch immer der jeweiligen Situation, unter Berücksichtigung des Gesprächspartners, an.

- Sobald Sie die Materie gut beherrschen, besteht die Gefahr, daß Sie zuwenig Fragen an Ihre Kunden stellen, um sie ins Gespräch mit einzubeziehen.

86 Viktor Borg registrierte seine Erfolge

Der bekannte, jetzt in Amerika lebende dänische Pianist Viktor *Borg* ist durch seine humoristischen Vorträge weltberühmt geworden.

Eines Tages entdeckte er, daß sein Publikum spontan über seine zufälligen Bemerkungen und Kommentare beim Klavierspiel lachte. Er kam zu dem Schluß, daß er diese Technik häufiger anwenden müsse, da das Publikum Gefallen an seinen Bemerkungen fand.

Viktor *Borg* ließ jetzt die durch Zufall entstandenen Kommentare und Bemerkungen, die ein Lachen hervorgerufen hatten, hinter der Bühne von einer Stenotypistin notieren. Durch diese Sammlung von Gags konnte er seinen Stil entwickeln und wurde damit ein weltberühmter Klavier-Kabarettist.

Was können wir daraus lernen?

- Talente und Fähigkeiten werden oft durch Zufall entdeckt.
- Wir müssen unsere Erfolge besonders beobachten, um sie zielgerecht und noch wirksamer einzusetzen, denn Erfolg bringt weitere Erfolge.
- Beim Verkaufsgespräch geschieht es des öfteren, daß Sie zufällig eine gute Formulierung verwenden, die Ihnen hilft, zum Abschluß zu kommen. Notieren Sie Ihre »Erfolgsformulierungen« und wenden Sie sie zielbewußt bei künftigen Gesprächen an.
- Es lohnt sich immer, gute Ideen zu notieren, um sie bei Kundengesprächen noch zielgerechter einzusetzen.

- Analysieren Sie nach jedem erfolgreichen Gespräch die Hauptgründe für Ihren Erfolg.
  Erfolge lassen sich dann leichter wiederholen.

87 Der Verkäufer als Marktforscher

Vor einigen Jahren las ich, daß ein sehr erfolgreicher italienischer Lebensmittel-Verkäufer nach kurzer Zeit eine Kette florierender Geschäfte in Amerika aufgebaut hatte.

Wie war das möglich? Nun, er fing klein an und verwendete seine Freizeit, um festzustellen, welche Konservenmarken in der Hauptsache von Hausfrauen gekauft wurden. Ein Marktforschungsinstitut damit zu beauftragen, wäre für ihn zu teuer gewesen.

So wandte er eine ganz einfache Methode an, die exakt und unfehlbar war. Er nahm sich nämlich die Zeit und untersuchte mehrere Monate lang die Mülleimer der einzelnen Haushalte und notierte sich die gängigsten Marken. Dieses wichtige und sehr logische Vorgehen versetzte ihn in die Lage, seine künftigen Einkäufe optimal durchzuführen, da er ein Gespür für Verbraucherwünsche entwickelt hatte.

Was können wir daraus lernen?

- Wer besser informiert ist, hat immer die stärkere Ausgangsposition. Früher sagte man: Wissen ist Macht. – Ich glaube, daß eine Parole unserer modernen Zeit heißen sollte: Vorauswissen ist Macht.
- Ein guter Verkäufer bemüht sich, so viele Informationen wie möglich über den Einkäufer, die Einkaufsbeeinflusser, die Firma und die Konkurrenzsituation beim Kunden zu bekommen. Er muß alle erdenklichen Quellen ausschöpfen, um geeignete Informationen zu erhalten. Es gibt nämlich mehrere Quellen: ein

Telefongespräch, eine schriftliche Auskunft, einen Mitarbeiter, die Konkurrenz, das Nachbargeschäft oder einen Passanten.

- Mühe und Arbeit bringen oft gute Möglichkeiten, das Richtige in optimalen Mengen zu verkaufen.

88 Was ein Verkäufer tun muß, wenn er niedergeschlagen ist

Ein bekannter Verkaufs-Direktor betont immer:

»Der Verkäufer gehört zu den einsamsten Menschen. An der Verkaufsfront ist er allein auf sich gestellt.«

Alle Menschen sind Stimmungen unterworfen, und der biologische Rhythmus des einzelnen schwankt ständig. Ferner kommt hinzu, daß ein Verkäufer oft eine Ware vertreten muß, die nicht mehr aktuell und marktgerecht ausgestattet ist. Mehrere Absagen an einem Tag können den Verkäufer sehr leicht negativ stimmen. Er macht sich dann Sorgen, weil er die festgelegten Zielzahlen nicht erreicht.

Was können wir daraus lernen?

- Die richtige Planung ist ein wichtiges Hilfsmittel gegen Depressionen.
- Beginnen Sie frühzeitig, um dadurch Ihre Erfolgschancen zu erhöhen.
- Arbeiten Sie am Morgen so hart wie möglich. Mit einigen Aufträgen in der Tasche, läßt es sich am Nachmittag leichter verkaufen.
- Verwenden Sie Aufmunterungsgespräche, z. B. die Formulierung: »Ich muß, ich will, ich kann« oder »Der nächste Kunde kauft bestimmt.«
- Machen Sie ruhig eine besinnliche Kaffeepause und überdenken Sie Ihre nächsten Schritte.

89 Erziehen Sie Ihre Kunden durch Lob und Anerkennung

Ein Verkaufsleiter erzählte während eines Seminars folgendes:

Ich hatte einmal einen sehr unfreundlichen Kunden, der jedoch von der Bedeutung seines Geschäftes her für mich und meine Firma sehr wichtig war. Also mußte ich mich bemühen, ihn zu gewinnen und kam auf folgende Idee:

Auf die Kundenkarte schrieb ich: ein bedeutender, wichtiger Kunde, sehr freundlich und intelligent.

Mit Absicht ließ ich die Karte bei ihm liegen.

Beim nächsten Besuch wurde ich sehr freundlich empfangen und gewann für die Zukunft einen Dauerkunden.

Was können wir daraus lernen?

- Erziehen Sie Ihre Kunden durch Lob und Anerkennung.
- Die indirekte Methode, Komplimente zu machen, kommt gut an.
- Ein Lob fordert den Kunden heraus.
- Kunden sind so wichtig, daß Sie gezwungen sind, sie zu gewinnen und sei es durch originelle Einfälle.

90 Das Verkaufen fängt schon am Sonntagabend an

Der Mensch unterliegt Gewohnheiten, die den Lebensrhythmus Arbeit und Entspannung einpendeln lassen. Wir haben uns an den Wochenendrhythmus gewöhnt und beginnen unsere Arbeit am Montag oft nicht nur viel zu spät, sondern auch ohne Plan und Ziel.

Der Wecker klingelt, aber Sie liegen noch wie Blei im Bett. Sie denken, nur noch 5 Minuten weiterschlafen. Diese fünf Minuten dehnen sich oft aus. Nun müssen Sie hetzen. Einem gehetzten Verkäufer aber fehlt die innere Überzeugungskraft.

Lange schon habe ich beobachten können, daß erfolgreiche Verkäufer bereits am Sonntagabend ihre Arbeit planen und im Geiste für den kommenden Tag trainieren.

Die Inder sagen: »Wer einen Tiger töten will, muß ihn erst im Geiste töten«.

Der erfolgreiche Montag bestimmt das Tempo der Woche.

Was können wir daraus lernen?

- Studieren und analysieren Sie Ihre Gewohnheiten.
- Planen Sie die am Montag zu erledigenden Aufgaben schon am Sonntagabend.
- Gute Verkäufer beginnen ihre Arbeit rechtzeitig.
- Der Montag bestimmt größtenteils die Erfolge der Woche.
- Zeit können Sie nur durch gute Planung und Vorbereitung gewinnen.

91 Der wichtige Kunde stand nicht auf der Karteikarte

Vor einigen Jahren war ich mit einem Reisenden zusammen auf Tour. Wir besuchten mehrere Kunden in Pinneberg. Während des Tages hatten wir hauptsächlich »Tante-Emma-Geschäfte« besucht, die uns kleine Aufträge gaben. Diese Abschlüsse zu tätigen, kosteten viel Zeit, Mühe und Arbeit.

Als wir die Hauptstraße hinunterfuhren, sah ich auf der rechten Seite ein größeres SB-Geschäft. Sogleich sagte ich zu dem Verkäufer: »Nun, warum besuchen wir diesen wichtigen Kunden nicht?« Er erwiderte: »Für diesen Kunden habe ich keine Karteikarte.« »Und trotzdem werden wir jetzt diesen Kunden besuchen«, sagte ich.

Als wir das Geschäft betraten, merkte ich, daß der Haupteinkäufer mit unserer Firma nichts zu tun haben wollte. Es gelang uns nicht, einen Auftrag zu bekommen.

Später unterhielt ich mich mit dem Verkäufer und stellte fest, daß er eine Aversion gegen diesen Kunden hatte. Aus diesem Grunde hatte er ihn auch nicht mehr besucht. Ich erklärte ihm, daß ein Besuch bei diesem Kunden sehr wahrscheinlich einen weit größeren Umsatz gebracht hätte als der, den wir bei den 12 Tante-Emma-Geschäften erreichen konnten, die wir den ganzen Tag besucht hatten.

Was können wir daraus lernen?

- Der Verkäufer muß sich in erster Linie nach dem Markt orientieren und dem wichtigsten Kunden den besten Service leisten.
- Verkäufer sollten sich den Satz merken: Die Kleinen werden immer kleiner, und die Großen immer größer.

- Der Verkäufer muß Zeit und Mühe rationell einsetzen.
- Gute Verkäufer wissen, daß nicht alle Kunden jedesmal kaufen. Es gilt deshalb, einen Aktionsplan zu erstellen, um auf lange Sicht für sich und sein Unternehmen einen wichtigen Kunden zu gewinnen.
- Führen Sie ein Gespräch mit dem Kunden, bei dem Sie noch keinen Auftrag landen konnten. Ergründen Sie die wahren Gründe des Nichtkaufens, damit Sie die Fehler abstellen können.
- Viele Verkäufer bestätigen, daß ihre besten Kunden heute diejenigen sind, mit denen sie am Anfang viel Ärger hatten.

92 Der beladene Esel durchquert einen Fluß

Ein kleiner Esel wurde mit zwei Säcken Salz beladen und mußte einen Fluß durchqueren. Je länger er lief, desto leichter wurde für ihn die Last, denn das Salz löste sich im Wasser auf.

Ein anderes Mal wurde der Esel mit Schwämmen beladen. Diesmal wurde die Last mit jedem Schritt schwerer und schwerer, obwohl der Weg der gleiche war.

Der Esel konnte es nicht verstehen, daß die Belastung in einem Fall schwerer war als im anderen, obwohl er denselben Weg ging.

(Eine Legende)

Was können wir daraus lernen?

- Nicht jedes Produkt läßt sich gleich leicht verkaufen. Deshalb sollte man sich nicht sofort entmutigen lassen.
- Im Verkauf gibt es sehr viele Umstände und Faktoren, die eine wesentliche Rolle spielen – diese müssen wir immer erst analysieren.
- Geben Sie nicht auf. Verfolgen Sie Ihren Weg. Finden Sie heraus, welches Produkt für den Kunden geeignet ist, und Sie werden gewinnen.
- Die Umweltbedingungen spielen auch im Verkauf eine beachtliche Rolle. Deshalb untersuchen Sie sie genau.

93 Was ich von einem Hund im Flugzeug lernte

Meine Tätigkeit als Verkaufstrainer zwingt mich, sehr viel zu fliegen, wobei ich – das gebe ich ehrlich zu – manchmal Angst hatte. Aber viele Menschen haben ja dasselbe Empfinden beim Fliegen!

Eines Abends flog ich von Zürich nach Hamburg. Ganz vorn links konnte ich einen Pudel beobachten, der während des Fluges vorzüglich schlief. Ein Flug schien für ihn etwas ganz Alltägliches zu sein. Wahrscheinlich machte die Reise ihm sogar Spaß.

Seitdem denke ich oft an den Hund, denn durch ihn habe ich gelernt, mich viel mehr zu entspannen. Heute fliege ich sogar gerne. Es ist doch so schnell und bequem.

Auch von Tieren können wir also so manches lernen!

Was können wir daraus lernen?

- Nervosität, Streß und Anspannungen sind heute eine Zivilisationskrankheit. Der nervöse Mensch kann durch seine eigenen Gedanken diese Nervosität noch steigern.
- Erfolgreiche Menschen, die auch erfolgreich bleiben wollen, müssen lernen, sich zu entspannen.
- Es gibt für den Verkäufer viele Gelegenheiten, sich zu entspannen, z. B. im Wartezimmer, in der Mittagsstunde oder auf einem Rastplatz.
- Lernen Sie, sich zu entspannen.
- Nach einigem Training haben auch Sie Erfolg damit!

94 Laden Sie den Kunden zum Essen ein

Allein diese Idee kann Ihnen schon zu größeren Umsätzen verhelfen. Viele Verkäufer, die ich kenne, verwenden diese Taktik bewußt als Strategie für die Kundengewinnung. Abschlüsse, die in die Millionen gehen, sind oft schon am Mittagstisch entschieden worden. Kunden schätzen eine Einladung dieser Art. Außerdem ist die Atmosphäre eine ganz andere, denn Sie sitzen als gleichwertiger Partner am Tisch.

Führende Versicherungsleute, Anzeigenleiter und Spezialisten unter den Verkäufern bedienen sich dieser Methode.

Was können wir daraus lernen?

- Sie nutzen die Mittagszeit nutzbringend aus.
- Der Kunde fühlt sich eher verpflichtet, zu kaufen.
- Sie differenzieren sich von Ihren Konkurrenten.
- Keine Störung, und deshalb mehr Konzentration des Kunden.
- Eine gute Gesprächseröffnung für den nächsten Besuch.
- Mehrere Gesprächspartner können angesprochen werden.
- Der Kunde kann sich nicht so schnell entfernen.

95 Das Party-System verkauft Kochtöpfe

Vor einigen Jahren eröffnete ein amerikanisches Unternehmen eine Verkaufsorganisation in einem Hochhaus, in dem ich wohnte. Natürlich interessierte ich mich für die Verkaufsmethoden dieser Gesellschaft.

Sie stellte ein komplettes Sortiment von hochwertigen Cromargan-Kochtöpfen her, die allerdings nicht auf dem üblichen Handelsweg verkauft wurden. Einige hundert Hausfrauen verkauften das Sortiment an Bekannte durch das Party-System. Die Gesellschaft sagte: »Wir verkaufen nie, sondern demonstrieren die Ware, und wer Interesse hat, kauft.«

Die Technik ist folgendermaßen: Eine Verkäuferin findet eine Hausfrau, die bereit ist, eine Party für ihre Freunde zu organisieren. Die Verkäuferin verspricht, Kaffee und Kuchen mitzubringen und nicht zu verkaufen, sondern die Ware nur vorzuführen. Nach dieser Vorführung sind viele Frauen so begeistert, daß sie unbedingt den Preis wissen wollen. Dieser wird jedoch nicht an Ort und Stelle verraten, sondern Name und Adresse der Betreffenden werden notiert. Später wird sie besucht, meistens mit der Bitte, ebenfalls eine Party zu veranstalten. Somit wird der Verkauf sehr erfolgreich auf persönlicher Ebene durchgeführt.

Was können wir daraus lernen?

- Verkäufer sind meistens auf die Mithilfe anderer angewiesen.
- Haben Sie für den Verkauf Ihres Produktes schon alle Möglichkeiten ausgeschöpft?

- Es überrascht die Kunden immer, wenn Sie sagen, daß Sie nicht verkaufen wollen.
- Wer Vertrauen gewinnt, gewinnt auch schneller den Auftrag.
- Seien Sie immer auf der Suche nach neuen Verkaufsideen.

96 Frau Meisterin kauft gern

Da jeder Kunde Anerkennung und Bestätigung sucht, werten Sie ihn auf!

Der Verkaufsleiter einer namhaften Wurstwarenfabrik mußte seine Dosenwürstchen an Fleischereien verkaufen. Er machte dabei die Beobachtung, daß in den meisten Fällen die »Dame hinter der Theke« etwas zu sagen hatte. Diese Erkenntnis nutzte er aus und baute die Frau mit der Anrede auf:

»Guten Tag, Frau Meisterin!«

Diese persönliche Ansprache kam gut an.

Was können wir daraus lernen?

- Kunden, ja Menschen überhaupt, wollen persönlich angesprochen werden.
- Die Österreicher haben im Geschäftsleben diese Erkenntnis schon längst gewonnen. Sie sagen z. B. »Herr Direktor«, »Gnädige Frau« usw.
- Finden Sie vor dem Besuch des Kunden die Position bzw. Rangstellung Ihres Gesprächspartners heraus, um ihm die entsprechende Bedeutung zukommen zu lassen.
- Achten Sie ganz besonders auf Titel und sprechen Sie die Personen damit an.

97 Sagen Sie die Wahrheit, es glaubt Ihnen doch keiner

In Neumünster/Schleswig-Holstein ist jeden Samstagvormittag Wochenmarkt, und die Hausfrauen eilen dorthin, um ihre Besorgungen zu machen.

Ich konnte feststellen, daß die meisten Besucher eines Wochenmarktes besonders neugierig sind, deshalb bemühen Marktschreier sich immer wieder, eine Gruppe anzulocken. Die Ware wird während der Demonstration im Preis sehr niedrig gehalten, um den Wert der Vergünstigung zu steigern.

An einem Samstagmorgen wurde auch ich durch einen solchen Mann an seinen Stand gelockt. Er hielt eine Kleiderbürste hoch und schrie: »Eine hervorragende Qualität – nach zwei Wochen fallen die Borsten aus!« Jeder glaubte natürlich, eine gute Qualität zu erhalten. Ich kaufte ebenfalls eine solche Bürste und mußte erleben, daß die Borsten nach zwei Wochen tatsächlich ausfielen.

Sie sehen also, oft glauben die Menschen die Wahrheit nicht!

Was können wir daraus lernen?

- Wenn Sie Ihre Ware schlecht machen, glaubt selten jemand, daß sie es wirklich ist.
- Mit Humor läßt es sich immer leichter verkaufen.
- Beobachten Sie bei anderen die Anwendung psychologischer Erkenntnisse im Verkaufsprozeß.
- Wer verkaufen lernen will, kann viele Grundkenntnisse der Verkaufskunst bei »Profi-Verkäufern« erwerben.

98 Eine chemische Formel half mir, einen Kunden zu gewinnen

Herr Wagner erzählte mir folgendes Erlebnis: Ich besuchte den Fachhandel und bot einem Drogisten eine medizinische Zahnpasta an. Der etwas arrogante Drogist fragte mich überraschenderweise, wie die chemische Formel für Pyridylcarbinol laute. Ich konnte ihm keine Antwort geben und fühlte mich blamiert.

Beim nächsten Kunden, ebenfalls einem Drogisten, entdeckte ich zufällig die Abbildung mehrerer chemischer Formeln, die eine Wand der Drogerie schmückten. Ich kam mit dem Kunden ins Gespräch und scheute mich nicht, ihn zu fragen, wie die Formel für Pyridylcarbinol lautet.

Der Kunde freute sich über mein Interesse und skizzierte mir die chemische Formel auf ein Stück Papier. Wir unterhielten uns sehr lange über Chemie, und ich entdeckte, daß diese sein Interessengebiet war.

Ein guter Auftrag blieb nicht aus.

Inzwischen sind wir gute Freunde geworden, und ich habe sehr viel von ihm gelernt.

Bei meinem nächsten Besuch konnte ich nun auch dem anderen Kunden die Formel sagen.

Was können wir daraus lernen?

- Geben Sie ehrlich zu, wenn Sie eine spezielle Frage nicht beantworten können. Schließlich weiß niemand alles.
- Halten Sie immer Augen und Ohren offen, um »Gesprächsaufhänger« für Ihre künftigen Gesprächsführungen zu finden.
- Viele Verkäufer bestätigen, daß sie oft etwas von ihren Kunden lernen.

- Die meisten Menschen sind gern bereit, Ihnen Auskunft oder einen Rat zu geben. Lernen Sie die Kunst, um Rat zu fragen.
- Interessengebiete werden oft erst durch Gespräche entdeckt.
- Versuchen Sie, die Fragen des Kunden gewissenhaft zu beantworten. Wenn Sie das nicht sofort können, bemühen Sie sich, die Information bis zum nächsten Besuch zu besorgen.
- Haben Sie ähnliche Erfahrungen gemacht?
  (Dann schreiben Sie mir doch bitte!)

99 Verkaufen Sie dem Kunden die optimale Menge

Herr Krause war einige Jahre bei einem bekannten Dosenmilch-Hersteller als Markenartikelreisender tätig.

Eines Tages kam er in Versuchung, einen Großhändler mit einer Riesenmenge Dosenmilch einzudecken. Die Ware wurde bis unter die Decke gestapelt. Es war ein sagenhafter Auftrag, und die Verkaufsdirektion gratulierte ihm zu diesem Erfolg.

Bei dem darauffolgenden Besuch war es nicht möglich, neue Ware zu verkaufen, im Gegenteil, die Firma warf ihm vor, daß die Ware im Vergleich zu anderen Marken nicht abging. Sie wurde deshalb aus dem Sortiment genommen.

Was können wir daraus lernen?

- Verkaufen Sie dem Kunden immer nur die optimale Menge und Sie bleiben im Geschäft.
- Große Mengen an Ware können den Eindruck erwecken, daß der Artikel nicht an den Verbraucher abfließt.
- Der Kunde erwartet von Ihnen, daß Sie ihm anhand Ihrer Erfahrungen immer die optimalste Menge verkaufen und ihn nicht überfordern.
- Kurzfristige Erfolge im eigenen Interesse können sehr schnell das Vertrauen des Kunden stören.
- Wenn Sie überdurchschnittliche Mengen verkaufen, dann müssen Sie auch Mittel und Wege finden, Ihrem Kunden als Partner zu helfen.
- Der Abverkauf bei ihm ist dann immer der nächste Auftrag.

100 Der Kunde, der vom Mars kam

Leider ist es nicht immer einfach, das auszudrücken, was man wirklich meint, und Kunden sind keine Gedankenleser.

Noch gravierender ist die Tatsache, daß Verhandlungspartner das Gesagte oft mißdeuten und mißverstehen. Viele Fehler kommen ferner dadurch zustande, daß manche Vorgesetzte sich in ihren Anweisungen nicht präzise ausdrücken. Kein Wunder also, wenn Irrtümer entstehen.

Es gibt ein interessantes und zugleich lustiges Experiment, das wir im Verkaufstraining zur Verdeutlichung dieser Tatsache demonstrieren:

Zwei Teilnehmer spielen jeweils die Rolle eines Rauchers und die eines blinden Marsbewohners. Der Marsmensch ist auf unseren Planeten gekommen. Auf einem Tisch liegen eine geschlossene Packung Zigaretten und eine Schachtel Streichhölzer. Der Raucher muß nun durch genaue Anweisungen den Marsmenschen dazu bringen, daß er zu rauchen beginnt. Es ist gar nicht so leicht, klare Anweisungen zu geben, wie wir gleich sehen werden.

Der Raucher sagt z. B.: »Nehmen Sie die Schachtel Zigaretten in Ihre rechte Hand und öffnen Sie mit der linken Hand die Verpackung.« Aber wie?

An einem Ende ist ein roter Öffnungsstreifen, den der Marsmensch nicht sieht. Er wird also versuchen, die cellophanierte Packung irgendwie mit den Fingernägeln aufzureißen.

Nur bei diesem Experiment wird uns schon schnell bewußt, wie schwierig es ist, sich klar und deutlich auszudrücken.

Am deutlichsten zeigt uns der Schluß dieses Experimentes die Schwierigkeit, sich genau auszudrücken:

Der Marsmensch hat endlich die brennende Zigarette im Mund, und der Raucher befiehlt, nun ziehen Sie einmal! Sofort ergreift der Marsmensch die Zigarette und zieht sie sich aus dem Mund heraus.

Was können wir daraus lernen?

- Verwenden Sie möglichst kurze, klare Aussagen.
- Die Semantik, eine neue Wissenschaft, befaßt sich mit der genauen Bedeutung von Wörtern.
- Wörter haben verschiedene Aussagen oder Bedeutungen. Oft verwechseln die Zuhörer die Begriffe.
- Die größten Wahrheiten dieser Welt sind immer in kurzer Form gesagt worden.
- Verwenden Sie, wenn möglich, visuelle Hilfsmittel.
- Viele Verkäufer kennen ihre Produkte so gut, daß sie oft annehmen, daß der Kunde ebenfalls so gut informiert ist.